D1662887

WUNDERVOLLES DORFLEBEN

ANDREA PALUCH
Wundervolles DorfLEBEN

BOYENS

Für meine fünf Jungs

Erste Eindrücke

Als wir unser Haus auf dem Land renovierten, wurde die Baustelle immer größer. Eigentlich hätten wir so, wie es war, einziehen können. Aber dann wollten wir doch lieber ohne Nachtspeicheröfen leben. Also raus mit den alten Öfen und eine neue Gasheizung rein. Den Gasanschluss mussten wir allerdings erst legen. Wir buddelten von der Straße unter der Hauswand hindurch in den Heizungsraum. Der Holzfußboden lag direkt auf dem Sand. Das fanden wir dann doch zu rustikal. Wir nahmen den Holzfußboden heraus und karrten viel Sand aus dem Haus, um ein Fundament zu gießen. Dabei konnten wir doch eigentlich auch gleich die störenden Wände entfernen. Die zum Vorschein kommenden Elektroleitungen waren von 1910, Draht mit verrottetem Textilisolierband. Beim Versuch, diese Entdeckung zu ignorieren und schnell wieder zu verspachteln, floss der Strom durch den Maurer, der außer einem Schreck zum Glück keine Schäden davon trug. Also auch noch neue Leitungen. Statt einer neuen Heizung waren wir also mehr oder weniger dabei, das Haus zu entkernen. Glücklicherweise wurden wir ungefähr gleichzeitig an die Kanalisation angeschlossen und konnten die Sickergrube im Garten schließen.

Das Wohnen auf dieser Baustelle war sehr unangenehm, denn es war dreckig und kalt. Der Dorfkrug am Abend war unsere Rettung. Hände waschen und etwas Warmes essen. Handwerkerportionen für wenig Geld, vor allem Fleisch mit Soße. Unsere Ansprüche waren erheblich geschrumpft. Und dann kam das Highlight dieser Bauphase: eine Nachbarin lud uns zum Mittagessen ein. Ich erinnere mich vor allem daran, dass es grüne Bohnen gab. Was für eine Wohltat! Außerdem sprach jemand mit uns und erklärte uns die Nachbarschaft. Das war gemütlich, wenngleich wir uns kaum einen Namen merken konnten. Ich weiß nicht, ob ich den Grad der Dankbarkeit und Freude, der diese Einladung bei uns ausgelöst hat, später glaubhaft kolportieren konnte. Die besagte Nachbarin ihrerseits hatte uns nicht nur aus Mitleid ob unserer miesen Unterbringung eingeladen, sondern ausgesprochenermaßen auch aus Neugier, wer sich da in unmittelbarer Nähe ansiedeln würde. Diese pragmatische und gleichzeitig auch unverblümte Art gefiel mir gut und sollte sich wie ein roter Faden durch unser Landleben ziehen.

Irgendwann war die Renovierung abgeschlossen, und der Tag des Umzugs war da. Als wir mit dem Laster auf den Hof fuhren, hing eine Girlande an der Eingangstür, und ungefähr zwanzig wildfremde Menschen und ein paar Kinder tummelten sich davor. Sie begrüßten uns sehr freundlich mit Sekt und ließen sich durch das Haus führen. Dann verabschiedeten sie sich mit dem Hinweis, noch mal in aller Ruhe anlässlich der Einweihung wieder zu kommen. Das war aus meiner Städtersicht eine etwas indiskrete Form der Selbsteinladung. Wie ich später lernte, war diese Erwartungshaltung allerdings derart selbstverständlich, dass niemand auf die Idee gekommen wäre, ihre Außenwirkung zu überprüfen. Also luden wir alle zeitnah noch einmal zu Kaffee und Kuchen ein, man traf sich ein zweites Mal, und wir fingen an, uns Bilder von den unterschiedlichen Personen zu machen. Wir befanden alle für äußerst nett, die Gruppe schien freundschaftlich verbunden und unkompliziert im Umgang zu sein. Wir äußersten uns gegenüber einem Gast aus der Stadt zufrieden über unseren Eindruck. Er bremste unsere Unvoreingenommenheit mit den Worten: „Wahrscheinlich müsst ihr eure Meinung noch ein paar Mal ändern." Das zerstörte für mich die Harmonie, die über dem Nachmittag gelegen hatte, es klang wie eine Drohung. Und ich trug ihm diesen Ausspruch eine ganze Weile lang heimlich nach. Bis ich anfing, meine Meinung ein paar Mal zu ändern.

Ankommen

Kaum hatten wir den Umzug am Vorabend hinter uns gebracht, riss ich morgens die Fenster auf, um die frische Luft hereinzulassen. Das war meine erste Erfahrung mit dem Landleben. So schnell konnte ich die Fenster gar nicht wieder schließen, wie der Güllegestank durch das Haus zog. Als alle angewidert „Iiiiih" schrien, fielen mir automatisch die oft gehörten Worte meiner Mutter aus dem Mund: „Tief einatmen! Das stärkt die Lungen." Das mochte keiner so richtig glauben. Umgeben von so vielen Zweiflern wurde ich schließlich auch unsicher. Vor allem aber nervte mich die Einschränkung, in einem stinkenden Haus zu sitzen und die Fenster nicht öffnen zu können. Wir entschlossen uns, die Situation mit Humor zu nehmen. Denn ändern konnten wir sie ja nicht. Und zwar auf Jahre hinaus nicht. Wir lernten sogar, den Gestank völlig emotionslos hinzunehmen, so wie die Menschen um uns herum auch. „Is ja so". Mit diesem Kommentar quittierten sie alles, was sich eben nicht ändern ließ.

Als ich das nächste Mal die Fenster öffnete, schnupperte ich erst einmal durch einen schmalen Spalt, ob die Luft auch rein war. Unten sah ich einen Fahrradfahrer in hohem Tempo vorbei fahren, der sich oft und panisch umdrehte und nach hinten sah. Ich wunderte mich über dieses Gebaren und wollte gerade mit dem Fensteröffnen fortfahren, denn die Luft war tatsächlich rein, frisch und klar. Da sah ich einen großen, schwarzen Neufundländer am Haus vorbei galoppieren. Und noch während ich in Gedanken den Hund mit dem Radfahrer in Verbindung brachte, näherten sich Rufe: „Moses! Moses!" Ein wild fuchtelnder Hundebesitzer im Dauerlauf schlug die gleiche Richtung ein wie Jäger und Gejagter vor ihm. Wie das wohl ausging, fragte ich mich. Mit einem Kopfschütteln versuchte ich, mein Grinsen zu unterdrücken. Da stand ich nun am Fenster und wusste nicht mehr, was ich eigentlich machen wollte.

Moses war, wie sich später herausstellte, der Nachbarshund. Er war tapsig und gutmütig und kam ab und zu ungefragt in unseren Garten. Meistens erklomm er den schulterhohen Komposthaufen und suchte nach etwas Leckerem. Dann konnte es passieren, dass man nichtsahnend die Küchenabfälle ausleeren wollte und unversehens Aug in Aug mit einem Ungeheuer stand, das sich offenbar genauso erschreckte wie man selber. Daraufhin ließ er sich immer lammfromm und vielleicht auch ein bisschen schuldbewusst nach Hause bringen. Für uns Städter war

Moses der erste normale Hund, den wir trafen. Im Stadtpark waren lauter gestörte Köter mit noch gestörteren Herrchen unterwegs gewesen. Unsere Kinder waren auf dem Spielplatz regelmäßig von unerzogenen Hunden umgerannt worden, und wir alle hatten Angst vor ihnen entwickelt. Moses nahm uns diese Angst. Die Kinder durften seine Zunge und Zähne untersuchen und sogar auf ihm reiten. Wenn ihn etwas störte, ging er weg. Aber das passierte eigentlich nie. Im Gegenteil war er eher begeisterungsfähig. Und vor allem berechenbar. Wenn wir Leute aus der Stadt zu Besuch hatten, staunten sie nicht selten Bauklötze, wenn ich das Kompostungeheuer am Halsband nahm und wie selbstverständlich über die Straße nach Hause brachte. So einen Umgang mit fremden Hunden war niemand gewohnt, und schon gar nicht von mir, der Schisserin vor dem Herrn. Uns war das längst selbstverständlich geworden und die Erinnerung an unangenehme Parkerlebnisse schon lange verblasst. Wie schnell ging dieses Verblassen? Ich glaube, es begann mit dem ersten Tag auf dem Land. Das neue Haus, die neuen Eindrücke und das Fremdsein – all das warf uns ins Hier und Jetzt und ließ die Vergangenheit zurück.

Die Kunst des Grüßens

Mir wurde ziemlich schnell zugetragen, dass „die" aus dem Neubaugebiet irgendwie anders waren. Ich wollte natürlich gern wissen inwiefern. Das schien aber schwierig, in Worte zu fassen zu sein. Alles, was ich herausbekam, war, dass „die" nicht grüßten. Meine Lebenserfahrung in der Stadt hatte mir bis dato bescheinigt, dass man nur Menschen grüßte, die man kannte. Grüßte man Bekannte nicht, war das ein Akt der Unfreundlichkeit oder der Versuch, Distanz auszubauen oder Abneigung zu demonstrieren. Was waren „die" also für Leute? Unfreundliche? Offenbar auch sehr zurückgezogen lebende, denn ich hatte noch niemanden getroffen, der mich nicht gegrüßt hatte. Das fand ich eigentlich komisch, denn ich kannte ja keinen einzigen dieser Grüßer. Man konnte gar nicht anders, als unentwegt grüßend durchs Dorf zu gehen. Ich war mir nicht so sicher, was merkwürdiger war: Fremde zu grüßen oder Bekannte nicht zu grüßen.

Besonders schön war aber der Gruß selbst: „Moin!" Meine anfänglichen Anläufe, wie gewohnt schlicht „Hallo" oder etwas distinguierter „Guten Tag" zu sagen, stellte ich schnell ein. Das klang irgendwie ausländisch. Also „Moin" allerorten. Wenn wir mit Gästen spazieren gingen, konnte es vorkommen, dass sie die neue Vokabel registrierten und reaktionsschnell mit „Guten Morgen" antworteten, egal welche Tageszeit es war. Das war lustig, denn mit einem „moin Wind" wünschte man den Seeleuten einen guten Wind. „Moin" war also „gut" und nicht „Morgen". Doch woher sollten das diese Besucher wissen? Man hatte Verständnis dafür, dass sie sich für das scheinbar Naheliegende entschieden. Das zeugte ja eigentlich von gesundem Menschenverstand. Verblüffung riefen eigentlich nur wenige hervor, die vom „Moin" inspiriert in die Wundertüte der Begrüßungen griffen und etwa mit „Grüß Gott" antworteten.

Neben der Unterscheidung „Dorf" und „Neubaugebiet" gab es auch noch die Unterscheidung „Hausbesitzer" und „Mieter". Mieter fielen nicht nur aus dem Gruß-Schema, sondern man erwartete zudem nicht, dass sie sich hundertprozentig auf das Sozialgeflecht Dorf einließen. Sie bekamen einen fünfzigprozentigen Erlass. Wenn etwa für einen Geburtstag, ein Richtfest oder einen Hochzeitstag Geld gesammelt wurde, lagen Hausbesitzer bei 10 Euro pro Kopf, Mieter wurden um 5 Euro gebeten. Wahrscheinlich deutete die Tatsache, dass sie kein Haus besaßen, darauf hin, dass sie nicht so liquide waren. Es war also

Rücksicht. Oder es sollte kein Druck aufgebaut werde, sich in die Dorfgemeinschaft integrieren zu müssen, da sie doch eh irgendwann wieder weg zogen. Leider kannte ich die offizielle Erklärung für das Vorgehen nicht, als sich mir gegenüber einmal ein Mieter halbwegs irritiert darüber äußerte, dass er diskriminiert wurde. Ich war doppelt schockiert. Zuerst darüber, dass ich nie über diese Ungleichbehandlung und was sie bedeuten konnte nachgedacht hatte. Und dann darüber, dass es jemanden gab, der es offenbar vorzog, für private Feste fremder Menschen mehr Geld zu geben, als gefordert wurde. Vielleicht waren Mieter ja echt anders.

Was bin ich?

Wer waren wir Fremdlinge eigentlich in diesem Dorf? Wir hatten die Chance, uns völlig neu zu entwerfen. Es wäre denkbar gewesen, Mitglied eines wichtigen Gremiums im Gemeinderat zu werden, etwa im Festausschuss. Ich hätte mich bei den Landfrauen engagieren können, denen es an Nachwuchs mangelte. Mein Mann hätte mit dem Arzt, Apotheker und Lehrer Skat spielen können. Doch wir hatten kleine Kinder und waren zu sehr mit uns selbst beschäftigt. Wir mussten es schaffen, zuhause zu arbeiten und uns nicht vom Alltagsgewusel ablenken zu lassen. Wir verschenkten sehr selbstdiszipliniert keine freie Minute und saßen so oft es ging am Schreibtisch. Und wenngleich wir uns kaum von unserer Scholle weg bewegten, waren die Tage so voll wie es eben ging. Die alltäglichen Pflichten griffen wie Zahnräder ineinander und ergaben einen ausgeklügelten Mechanismus, mit dem wir uns Arbeitszeit verschafften. Wenn ein Zahnrad ausfiel, entstand eine Kettenreaktion, die den ganzen schönen Mechanismus zunichtemachte. Dann mussten nicht nur Termine abgesagt werden, sondern es wurde auch nicht produktiv gearbeitet.

All das sahen wir. Von außen sah man nur, dass wir immer zuhause waren. Die logische Schlussfolgerung war, dass wir arbeitslos sein mussten. Eine Hartz-IV-Familie. Aber das Haus passte nicht dazu. Also versuchten wir die Information zu streuen, dass wir Schriftsteller waren. Darunter konnte sich niemand etwas vorstellen. Bücher schreiben. Aha. Einige, die Bücher kannten, fragten immerhin „Was für Bücher?". Es setzte sich das Wort Künstler durch. Das war leichter zu merken. Manchmal wurde aus Künstler auch Maler, denn das waren Künstler ja nun mal. Just am Beginn unseres Dorflebens standen auch noch, für alle gut sichtbar, häufiger mal Pressefahrzeuge vor dem Haus. Also waren wir prominent und irgendwie wichtig. Unser Exotenstatus war geboren.

Die Entscheidung, unsere Kinder in den dänischen Kindergarten und die dänische Schule zu schicken, tat sein übriges. Das machten eigentlich nur Minderheitendänen, alleinerziehende Mütter, die auf längere Betreuungszeiten angewiesen waren oder asoziale Großfamilien. Wir passten am ehesten in die dritte Kategorie. Ob all das dazu führte, dass niemals die freiwillige Feuerwehr bei uns klingelte und unsere Mitgliedschaft einforderte? War es möglich, dass sie unser Haus im Brandfall nicht löschen würde? Solche Gedanken blitzten manchmal bei uns auf und verschwanden im Alltagschaos so schnell, wie sie gekommen waren. Und egal, wie wir tatsächlich eingeordnet wurden, ich genoss meinen privilegierten Beobachterstatus. Unsere ganze Familie, jeder einzelne, war sehr glücklich in dem Dorf, in das wir als unbeschriebene Blätter gekommen waren und das wir als Fundus voller Geschichten verließen.

Ernst des Lebens

Wir hatten ein Kind, das noch zu jung war für den Kindergarten. Ab drei Jahren bekam man einen Platz. Bis es soweit war, mussten wir mit ihm zuhause bleiben oder durch die Gegend streifen. In der Stadt hatte es den Spielplatz als Treffpunkt für derart Daheimgebliebene gegeben. Die Kinder hatten Spaß, und für die Erwachsenen verging die Zeit schneller. Mit Glück hatte sogar jemand Kaffe dabei. Der Spielplatz bei uns im Dorf jedoch war menschenleer. Wo waren die ganzen Unter-Dreijährigen? Ich ging auf die Suche. Beim Abholen im Kindergarten traf ich sie, all die Mütter mit kleinen Kindern. Ob wir nicht mal vormittags zusammen auf den Spielplatz wollten? Die Augen der Angesprochenen weiteten sich. Hier ist viel Raum für Interpretation: Überraschung, Hilflosigkeit, Panik – ich schätze innerhalb dieser Bandbreite war alles vertreten. Kurzgesagt, wir fanden niemanden, mit dem wir uns treffen konnten, denn alle hatten entsprechendes Spielgerät im eigenen Garten, und außerdem musste ja die Arbeit erledigt werden.

Ich war halb enttäuscht und halb erleichtert. Es gab also noch mehr Selbstständige, die die Disziplin aufbringen mussten, zuhause zu arbeiten. Trotz kleiner Kinder. Ich war fast etwas eingeschüchtert, denn ich konnte nicht arbeiten, wenn der Kleinste da war. Ich wurde neugierig und wollte wissen, was die Frauen so arbeiteten. Bei dem Versuch, Familie und Beruf unter einen Hut zu kriegen, war Kreativität zu erwarten. Besonders in Erinnerung geblieben ist mir das Wort „feudeln". Dazu hätte ich „den Fußboden wischen" gesagt. Feudeln und allerhand andere Dinge im Haushalt wurden erledigt. Und zwar nach einem festen Plan, der keine Abweichungen zuließ. Also keine Verabredungen auf dem Spielplatz. Aber vielleicht mal eine Tasse Kaffee zusammen trinken? Nee, passt echt nicht rein, der Vormittag war eh schon so schnell rum. Ich war baff. Diese Mütter waren gar nicht selbständig. Vielmehr arbeiteten sie so emsig, als wären sie fremdbestimmt. Kein Handlungsspielraum.

Ich fand es bemerkenswert, dass Hausarbeit scheinbar einhellig als Arbeit begriffen wurde. Für mich war Arbeit etwas, womit man Geld verdiente. Haushalt war Privatvergnügen. Tatsächlich ist aber Hausarbeit, wie der Name schon sagt, Arbeit. Wer bestimmt also, was Arbeit ist? Diejenige, die arbeitet? Derjenige, der entlohnt? Arbeit ohne Lohn, also selbst gewählte Tätigkeit ohne Bezahlung, müsste eigentlich als extrem sinnhaft empfunden werden. Ist das bei Hausarbeit der Fall? Oder ist sie gerade deshalb Arbeit, weil sie lästige Pflicht ist und damit verwandt mit den Brotberufen der Männer? Ich war verwirrt.

Ich versuchte herauszufinden, was die Männer so arbeiteten. Einer arbeitete im Lager von Beate Uhse und war sehr zufrieden, einen sicheren Job zu haben. Ein anderer arbeitete bei Motorola und lebte seit Jahren mit der Ungewissheit, ob das Werk dieses oder nächstes Jahr geschlossen wurde. Ein dritter arbeitete in der Rinderbesamungsanstalt, kurz RSH. Für mich klang das irgendwie exotisch, und ich erkannte, dass sich die Frauen genau so ernsthaft einer Sache widmeten wie ihre Männer.

Grenzen werden zu Horizonten

Bei uns auf dem Land gab es verschiedene Grenzen. Da sind zum einen die Dorfgrenzen. Dörfer haben eine eigene Identität und rivalisieren mit ihren Nachbarn, z.B. wer das bessere Zeltfest hat oder wer seinen Maibaum besser bewacht. Ein bisschen über die Dorfgrenzen hinaus gehen die Sportvereine, deren Einzugsgebiete auf

Grund von Nachwuchsproblemen größer und größer werden. Es gibt aber auch sichtbare Grenzen. Zum Beispiel die Deiche. Für uns Binnenländer waren sie eine Attraktion und wir pilgerten hin, um über die Krone einen Blick auf das Meer zu werfen. Doch Enttäuschung und Irritation waren groß, als sich dahinter lediglich grünes Marschland erstreckte, mit einem Deich am Horizont. Wir fuhren zu diesem Deich, bestiegen ihn, diesmal etwas verunsichert, aber vorgewarnt, und schauten auf die andere Seite. Land und Schafe, kein Meer. Noch nicht mal Watt. Am Horizont: ein nächster Deich. Dieser endlich trennte das Meer vom Land, wenngleich das Vorland ganz schön groß war. Aber zu sehen war eindeutig das Meer, kein Deich mehr am Horizont, dafür Landgewinnung in vollem Gang.

Es gab also Binnendeiche, alte Deiche, die das Meer in früheren Zeiten abhielten, nun aber durch Landgewinnung mitten im Land lagen. Zeitzonen in der Geschichte des Deichbaus. Heute nennt man das Küstenschutz. Die neuen Außendeiche werden dem Klimawandel angepasst. Sie werden unheimlich breit angelegt, mit sanftem Gefälle und der Möglichkeit für folgende Generationen, aufzustocken. Zukunftsfähig, so die Hoffnung. Die Grenze zwischen Land und Meer also eindeutig veränderbar, in beide Richtungen. Der Mensch gewinnt Land, das Meer holt es sich zurück. Ein Hin und Her, ein Geben und Nehmen.

Mitten in diesem Land der Köge gibt es noch eine andere Grenzen als die Deiche: das Flüsschen Arlau mit seiner Köm-Grenze zum Beispiel. Köm ist ein Aquavit, der nördlich der Arlau als gelber Köm, südlich davon als weißer Köm getrunken wird. Wer nun den besseren Köm trinkt, darüber lässt sich, vermutlich seit Generationen, trefflich streiten.

Eine weitere große Grenze stellt natürlich die Landesgrenze zwischen Deutschland und Dänemark dar. Die Dänen, die auf der deutschen Seite wohnen, nennen das von ihnen bewohnte Gebiet Südschleswig, die Deutschen auf der dänischen Seite das ihre Nordschleswig, wobei ihrer Ansicht nach die südliche Hälfte von Nordschleswig in Deutschland liegt. Das Südschleswig der Dänen in Deutschland ist also das südliche Nordschleswig der Deutschen in Dänemark. Verwirrend? Und ob. Um sich vor lauter Grenzziehung nicht zu verlieren, wurde von offizieller Seite die Bezeichnung Sønderjylland/ Schleswig für das Gebiet diesseits und jenseits der Bundesgrenze vorgeschlagen, dem sich alle zugehörig fühlen können sollen. Befindlichkeiten lassen sich aber offenbar nicht so einfach durch einen Verwaltungscoup entgrenzen.

Ich für meinen Teil liebe es, in Südschleswig zu wohnen, obwohl ich mich am nördlichsten Punkt der Republik befinde. „Süden" hat so was von Urlaub, von Wärme und Mittelmeer. Gleichzeitig verändert es die Perspektive weg von deutscher Randlage hin nach Skandinavien, das Baltikum so erreichbar, die Welt so viel größer als Deutschland. Für mich öffnet die lokale Identitätssuche mit ihren Grenzen Horizonte.

Soziale Kontrolle

Im Dorf kennt jeder jeden. Und auch wenn man nicht unbedingt mit jedem schon mal geredet hat, so weiß man doch, in welche Familie er gehört, aus welchem Umfeld er kommt, was er arbeitet und welche Hobbies er hat. Bei jedem, den man auf der Straße trifft, sieht man den Lebenskontext gleich mit. Das ist in der Stadt anders. Man sucht sich die Leute aus, mit denen man etwa zu tun haben möchte. Von dem Rest weiß man nur, dass er existiert. Um nun herauszufinden, ob es in der näheren Umgebung nicht Menschen gibt, die die eigenen Interessen teilen, gibt es Vernetzungsstrategien, deren Wirksamkeit sich seit dem Internet rasant beschleunigt hat. Um die lokale Mobilität zu steigern, gibt es etwa ein Mitfahrsystem, bei dem ein roter Punkt hinter die Windschutzscheibe gesteckt wird, sofern man jemanden mitnehmen möchte, oder der bei Gelegenheit gezeigt wird, wenn man mitgenommen werden möchte. So ein Mittelding zwischen Mitfahrbörse und Trampen also. Das ist in der Stadt bestimmt sinnvoll.

Auf dem Dorf, wo das Mobilitätsbedürfnis wahrscheinlich viel höher ist, wird das wohl eher nichts. Wozu brauche ich einen roten Punkt, wenn ich die Leute auch direkt fragen kann, die regelmäßig in die Stadt fahren? Und wenn ich den Daumen raus halte für kurze Strecken, stoppen die Hiesigen sowieso – entweder weil sie mich kennen oder weil sie sich nicht nachsagen lassen wollen, dass sie mich nicht mitgenommen hätten. Denn ich erkenne ja auch, wer vorbei fährt. Das ist so eine Art vorauseilender Gehorsam gegenüber sozialer Kontrolle. Gleichzeitig gibt es aber quasi kein Misstrauen gegenüber Leuten, die man, egal wie flüchtig, kennt. Bei Fremden sieht das schon anders aus. Deshalb vermitteln Mitfahrbörsen ja ein Gefühl der Sicherheit, indem man sich registrieren muss. Der rote Punkt überspringt die Registrierung und hilft einem nur, den Kreis der ansprechbaren Personen einzuengen. Das ist, wie gesagt, gut für die Stadt. Auf dem Land kennt man alle und weiß, wen man fragen muss. Das ist jedenfalls meine Lieblingserklärung dafür, dass ich eigentlich noch nie Tramper bei uns gesehen habe. Weil sie bestimmt immer gleich vom ersten vorbeifahrenden Auto mitgenommen werden. Wahrscheinlicher ist es aber, dass jeder so früh wie möglich ein eigenes Auto hat, damit alleine herumfährt und hofft, dass die anderen das sehen.

Wie im Ausland

Hier auf dem Land gibt es etwas Tolles, was ich sonst nur im englischsprachigen Raum und in Dänemark beobachtet habe. Es wird geduzt. Und während in Dänemark zumindest die Königin gesiezt wird, sagen wir hier „Lever duad as Slav" (Lieber tot als Sklave). Leute von hier duzen sich: die Kunden die Verkäufer, die Kinder die Erwachsenen, die Alten die Jungen. Meine Kinder sprechen die Eltern ihrer Freunde mit dem Vornamen an. Das wäre in meiner Kindheit undenkbar gewesen. Das wäre irgendwie „Hippie" gewesen, auf jeden Fall aber links und antiautoritär. Meine Eltern haben ja sogar ihre Freunde gesiezt. Hier werden nur wenige gesiezt. Die Lehrerinnen an den deutschen Schulen zum Beispiel werden zwar mit ihrem Nachnamen angeredet, müssen den Kindern aber für die weiterführende Schule beibringen, dass es nicht heißt „du, Frau Petersen".

Und da wären wir auch schon bei der nächsten Besonderheit, den sogenannten Patronymen mit der Endung -sen. Die bedeutet so viel wie „sein". Hansen hieße übersetzt also so viel wie „Hans sein Sohn" oder „Hans seine Tochter". Die Kinder von Peter, Hans und Jakob bekämen demnach die Nachnamen Petersen, Hansen und Jakobsen. Die Kinder von Hans Petersen wiederum hießen dann Hansen, die von Nis Jakobsen hießen Nissen und die Kinder von Peter Petersen behielten den Nachnamen eine Generation länger. Diese Praxis der Namensgebung wurde im Zuge zunehmender Verwaltung verboten. Seitdem heißen alle Familien seit Generationen Andresen, Jürgensen oder Matthiesen. Es gibt kaum andere Nachnamen. Diese Gemeinsamkeit aller Nachnamen verwirrt mich so, dass ich mir fast keinen merken kann. Was ja aber auch zum Glück nicht Not tut, weil sich ja alle duzen. Mir kommt das sehr entgegen, ich bin anglophil und Däne-mark-affin, außerdem antiautoritär, links und Hippie zusammen. Aber die Leute hier auf dem Land sind das nicht unbedingt. Sie kennen sich nur eben schon so lange, wie es hier Patronyme gibt, und ihr Platt unterliegt dänischen Einflüs-sen. Siezen käme einer Inszenierung gleich, dem Verleumden der gemeinsamen Geschichte.

In der dänischen Schule werden die Lehrer mit dem Vornamen angesprochen. Als meine Kinder über Freunde aus dem deutschen Schulsystem mitbekamen, dass man die Lehrer dort mit dem Nachnamen ansprach und siezte, fiel es ihnen zunächst schwer, das zu glauben. Denn in unse-rem sozialen Umfeld „Dorf" wurde schlicht nicht gesiezt. Sie hatten so etwas noch nie im wahren Leben gehört. Sofort assoziierten sie die Königin, was die Sache noch unverständlicher machte. Wir erklärten lang und breit, dass Siezen im Rest von Deutschland durchaus üblich sei und vielmehr wir untypisch wären. Sie akzeptierten das zwar irgendwann, blieben der Tatsache gegenüber aber mehr als reserviert. Ich bin es eigentlich auch. Wenn ich Richtung Süden fahre, merke ich, wie ich auffalle mit dem Duzen, das ich nicht so ein-fach abstreifen kann. Wenn ich mich dann zu-sammennehme und das unauffälligere „Sie" ver-wende, komme ich mir vor wie im Ausland.

Wo die Fremde anfängt

Im Dorf lernte ich alle Menschen neu kennen. Aus alter Gewohnheit begann ich ein Gespräch oft mit der Frage, wo sie her kamen. Offenbar ein bisschen verwundert über meine Frage, antworteten alle mit: „Na, von hier." Daraufhin fragte ich nur noch ausgewählte Leute, von denen ich den Eindruck hatte, dass sie irgendwie einen Hauch Fremde ausstrahlten. Und ich änderte meine Frage. „Bist du von hier?" schien mir weniger verfänglich. Die meisten nickten, andere schüttelten den Kopf und meinten, sie kämen aus der drei Kilometer entfernten, eingemeindeten Siedlung. Wieder andere sagten, sie hätten schon mal in der Stadt gewohnt, würden aber lieber hier wohnen und zur Arbeit pendeln. So erforschte ich meine Mitbürger und lernte bald, dass räumliche Mobilität vor allem innerhalb der Gemeindegrenzen stattfand und meistens durch Heirat ausgelöst wurde.

Doch eines Tages ging mir ein dicker Fisch ins Netz. Auf die Frage: „Kommst Du von hier" bekam ich ein abwehrendes Kopfschütteln und wie vor Schreck aufgerissene Augen. Aha, dachte ich, vielleicht jemand von jenseits der Landesgrenze, also sozusagen aus der großen weiten Welt, der um keinen Preis mit dieser Gegend in irgendeinen Zusammenhang gebracht werden will. Meine Verblüffung war dementsprechend groß, als sich herausstellte, dass jene Person zwar nicht aus dieser (ich hätte fast gesagt meiner) Gemeinde kam, aber aus einer Nachbargemeinde innerhalb der Amtsgrenze. Die Inbrunst, mit der beteuert wurde, nicht „von hier" zu sein, war erstaunlich. Mir kam das fast wie ein Gefühlsausbruch vor, und es war mir unangenehm, überhaupt gefragt zu haben. Da fühlte sich jemand in der Fremde, der in etwa 15 Kilometer entfernt aufgewachsen war.

Wovon hängt der Grad ab, in dem man sich mit einem Ort identifiziert? Kindheitserinnerungen spielen bestimmt eine Rolle. Aber auch das Gefühl, aufgehoben zu sein, seinen Platz zu haben, das Gefüge an Menschen zu kennen, von gewohnten Strukturen umgeben zu sein. Wie kommt es, dass Menschen lieber gemütlich und bequem im Innen hocken, statt das Außen zu suchen? Und vor allem: wo beginnt das Außen? Für mich ist das einfach. Mein Zuhause ist da, wo ich wohne. Auch wenn ich dort fremd bin. Ich habe mein Innen also irgendwie im Gepäck. Bei den Menschen in unserem Dorf scheint das anders zu sein. Das Innen ist unverrückbar, reiseuntauglich. Heißt das, sie wissen, was wahre Heimat ist (offenbar im Gegensatz zu mir)? Heißt das aber auch, dass sie woanders nicht heimisch werden können? Und führt das vielleicht zu dem Impuls, Fremdes abzuwehren, um das Bekannte zu erhalten? Ein klares Abgrenzungsverhalten zur Nachbargemeinde stärkt auf diese Weise die eigene Identität und konstruiert zu Selbsterhaltungszwecken die Fremde vor der eigenen Dorfgrenze. Und entwurzelt jene, die sich beim Zeltfest in den Falschen vergucken.

Die eigene Scholle

Wir hatten einen großen Garten und kleine Kinder. Was lag also näher, als den Kindern zu zeigen, wo das Essen eigentlich herkommt? Ein ausgewachsener Quittenbaum war bereits vorhanden. Wir wurden allerdings nie Fans dieser harten Früchte, und der Baum wurde mehr zum Klettern benutzt. Ein Spalierbirnbaum an der Hauswand war aus Altersgründen eingegangen. Da wir aber gesehen hatten, wie seine Triebe unter die Hauswand gewachsen und zwischen den Dielen hindurch bis ins Wohnzimmer geschossen waren, fanden wir, er gehöre irgendwie zum Haus und ersetzten ihn. Als große Apfelesser pflanzten wir zwei Apfelbäume, die angeblich nicht in die Höhe wuchsen, so dass jedermann sich leicht einen Apfel pflücken konnte. Die Kinder waren ein paar Jahre lang ziemlich enttäuscht, dass die jungen Bäume noch nicht trugen. Irgendwann akzeptierten sie das als Ist-Zustand. Als wir zehn Jahre später im Frühsommer auszogen, waren die Bäume zum ersten Mal voll mit Früchten. Geerntet haben sie unsere Nachfolger.

Weniger langfristig als Obstbäume war auf jeden Fall Gemüse. Ich erinnerte mich an den Gemüsegarten meiner Mutter. Ich mochte es, Mohrrüben aus der Erde zu ziehen, abzuwischen und knirschend zu essen. Ich fand den frisch geernteten und geschälten Kohlrabi lecker. Und obwohl ich nicht gerne im Garten half, pflückte ich widerstandslos grüne Bohnen, weil die Aussicht auf ein leckeres Essen lockte. Ernten war also super. Aber wie kam man da hin?

Ich überließ meinen Kindern die Auswahl der Sämereien. Dann legten wir Reihen an und befolgten die Anweisungen auf den Tüten. Der Erfolg war mäßig. Wir hatten Glück, wenn wir zwei Zentimeter große Mohrrüben bekamen, wobei die größeren Exemplare der Kümmerlinge meist verwurmt waren. Auch kleine Minikartoffelableger wurden gefunden. Alles andere grünte vielleicht kurz, ging aber wenig später ein. Unser größter Erfolg war ein Kürbissetzling, den einer der Jungs im Kindergarten angelegt hatte. Wir pflanzten ihn an den Kompost, und er wuchs und blühte wie verrückt. Ich dachte schon fast mit Schrecken daran, was passieren würde, wenn all diese Blüten Kürbisse würden. Nur eine schaffte es, wurde dafür aber zu einem Riesenkürbis. Das war unser einziger Erfolg. Der Elan, selber Gemüse anzubauen, verblasste mehr und mehr.

Durch dieses unbefriedigende Ergebnis sensibilisiert, bemerkte ich, dass niemand um uns herum Gemüse im Garten hatte. Das konnte aber unmöglich an fehlender Hingabe liegen, denn die Gärten waren wahre Augenweiden. Super gepflegte Beete mit Pflanzensammler-Attitüde. Warum bloß kein Gemüse? Ich sammelte ein paar Antworten auf meine Frage. Die häufigste war: Gemüse zu kaufen ist einfach viel günstiger. Außerdem war der sandige Geestboden unvorteilhaft und musste stark gedüngt und bewässert werden. Eine Frau, die ihrer Kinder wegen auch gerne ein Gemüsebeet gehabt hätte, erzählte, dass sie sich dagegen entschieden hatte, weil ihr Grundstück an ein Feld grenzte. Alles, was der Bauer auf dieses Feld ausbrachte, landete auch auf ihrem Grundstück. Für sie war also Bio-Qualität im eigenen Beet nicht zu haben. Das war bei unseren dänischen Freunden ganz anders. Sie hatten einen Gemüsegarten und ein kleines Gewächshaus, damit die Qualität und Frische besser war als im Supermarkt, und noch dazu war es günstiger. Fazit: Um also zu lernen, wo das Essen herkommt, sollten Kinder in den Kindergarten gehen oder dänische Freunde haben.

Wir vergessen, wo wir herkommen

Als ich etwa zwölf war, haben wir manchmal Eier direkt vom Hühnerhof geholt. Weil die so schön frisch waren. Ich bin nie aus dem Auto ausgestiegen, sondern habe immer auf dem Parkplatz gewartet, mit Blick auf die lange Baracke, in der die Hühner gehalten wurden. Ich war keine ausgesprochene Tierfreundin, daher dachte ich, mein Unwohlsein hätte etwas mit der unmittelbaren Anwesenheit einer vermutlich großen Anzahl Hühner zu tun. Erst als mein Sohn zwölf war und mir erklärte, dass er nicht der Grund dafür sein wollte, dass Hühner so gehalten werden, dachte ich den damals angefangenen Gedanken zu Ende. Vor schierer Masse hatten offenbar alle übersehen, dass jedes einzelne Huhn ein leidensfähiges Tier war. Etwas war aus dem Ruder gelaufen. Wir hatten vergessen, wie man mit Lebewesen umgeht. Erst eine Generation später verdarb mir diese Tatsache den Appetit.

Warum diese Verzögerung? Warum hatte ich nicht eher bemerkt, dass wir gedankenlos und maßlos Fleisch, Eier und Milch konsumierten? Ich habe darauf keine Antwort gefunden. Mein Sohn meint, seit wir kein Fleisch mehr essen und mit tausend anderen Sachen kochen, habe er ungeahnte Geschmacksexplosionen erlebt. Wir haben unseren Horizont stark erweitert, weswegen er nicht versteht, warum manche Leute von „Verzicht" reden. Vielmehr haben wir wohl vergessen, was wir verpassen, wenn wir uns so sehr auf Fleisch fokussieren. Und je länger ich über das Vergessen nachdenke, desto mehr Geschichten fallen mir dazu ein.

Unsere Wasserkaraffe zum Beispiel. In der Karaffe liegen sechs verschiedene Edelsteine, für jedes Familienmitglied einer, ausgewählt und geschenkt von einem lieben Menschen. Das sieht nicht nur schön aus und lässt mich täglich an diesen Menschen denken, sondern es führt auch dazu, dass Leute darüber die Nase rümpfen. Wozu soll das denn gut sein? Ich gebe grundsätzlich die Antwort weiter, die auch ich auf diese

Frage bekommen habe: Damit das Wasser nicht vergisst, wo es herkommt.

So richtig verstanden habe ich diesen Satz allerdings erst etwa zehn Jahre später, als ich das Buch „Die unsichtbare Kraft in Lebensmitteln" von A.W.Dänzer in der Hand hielt. Dort werden Mikroskopbilder von kristallisierten Lebensmitteln nebeneinander gestellt, die sowohl auf konventionelle Weise sowie in Bioqualität erzeugt wurden. Während die feinstoffliche Organisation der Biolebensmittel unfassbar harmonische und schöne Kristallformationen bildet, sind sie bei den konventionell hergestellten Lebensmitteln nur sehr schwach oder andeutungsweise zu sehen. Oftmals sieht man sogar lediglich ein schwarzes Loch mit Rand, mithin das Fehlen jeder feinstofflichen Organisation. Diese Lebensmittel haben nach Dänzer ihre naturgegebene Information vergessen. Und er drückt sein Bedauern darüber aus, dass er die wissenschaftliche Analyse seiner Beobachtungen nicht mehr erleben wird. Aus Erfahrung weiß ich, was er meint: manche Erkenntnisse brauchen Generationen, um durchzusickern. Komisch eigentlich, dass Erinnern so viel beschwerlicher ist als Vergessen. Eins ist jedenfalls klar. Auf dem Land zu leben bedeutet nicht automatisch, dichter an der Natur zu sein. Es kann auch bedeuten, in den Sog des Vergessens zu geraten.

Wiesenschaumkraut

Früher war ja bekanntlich alles besser. Als ich klein war, hatten die Kinder noch keine Ahnung von Halloween, und Blumenläden hatten noch keine Ahnung vom Valentinstag. Zum Muttertag gingen wir auf die Wiese und pflückten einen großen Strauß Blumen. Das Opfer daran war das frühe Aufstehen, bevor unsere Mutter wach wurde. Das Geschenk der alljährliche Überraschungseffekt. Wir mochten am liebsten Wiesenschaumkraut, nicht diese nullachtfünfzehn Sumpfdotterblumen mit Bocksbart, Hirtentäschel und Klee. Wir wussten, wo es das gab, denn früher war man ja noch mit dem Fahrrad in der Natur unterwegs. Also bekam unsere Mutter zum Frühstück, das zum Glück schon fertig war, wenn wir nach Hause kamen, einen dicken Strauß Wiesenschaumkraut. Mit Ungeziefer und allem drum und dran. Leider hielten sich die Blumen nicht lange und vergingen beinah genauso schnell wie der Muttertag. Aber die Aktion und die Rührung meiner Mutter waren irgendwie Kult. Bis unsere Quelle versiegte.

Eines Muttertagmorgens kehrten wir mit leeren Händen zurück. Wir hatten kein Wiesenschaumkraut gefunden. Zwar hatten wir ganz vereinzelt hier und da mal eine Blume entdeckt, die große

Masse, der Überfluss war aber verschwunden. Es wäre sehr mühsam und zeitaufwändig geworden, aus dem spärlichen Rest einen Strauß zusammen zu klauben. Diese Enttäuschung trieb uns im folgenden Jahr in den Blumenladen. Seitdem mussten wir nicht mehr so früh aufstehen, und die Blumen hielten länger. Aber wir hatten eben keine Energie in das Geschenk hineingesteckt, lediglich Geld. Das kam einer Entzauberung gleich. Vielleicht wurden wir auch nur erwachsen.

Es hat auf jeden Fall dazu beigetragen zu verstehen, dass Wiesen, Koppeln und Felder mit Unkrautvernichtungsmitteln gespritzt werden, die der Grund für das Verschwinden der Blumen sind. Heutige Kinder könnten maximal einen Strauß Löwenzahn pflücken. Da sie aber reich sind und zu verwöhnt, um früh aufzustehen, gehen sie einfach in den Blumenladen. Seitdem es keine Wiesenblumen mehr gibt, boomt jedenfalls die Floristik. Da haben die Gifthersteller ein Schnäppchen gemacht. Denn die Blumenplantagen werden ja auch wie verrückt gespritzt. Wenn auch nicht alles, aber früher war bestimmt so manches besser.

Wo kommt eigentlich die Milch her?

Früher war, wie wir wissen, einiges anders. Und ich habe das Gefühl, so wie man etwas als Kind und Heranwachsender erlebte, so ist es richtig. Die erste erlebte Version ist richtig, alles andere ist zumindest anders, wenn nicht schlechter. Ich verbrachte meine Adoleszenz in einem Dorf mit Vorstadtcharakter. Es hatte 8000 Einwohner, eine Geschäftsstraße, Kirchen, Schulen, Ärzte und Bauernhöfe, die erkennbar schon lange da waren und zum alten Dorfkern gehörten. Täglich wurden die Kühe auf die Weide getrieben. Man konnte dabei stehen und zusehen. Man konnte ihre Spur auf der Fahrbahn sehen. Sie waren eindeutig da. Und es war normal. So viel zur Vorgeschichte.

Seit meiner Kindheit ist das Dorf gewachsen und die Bauernhöfe sind verschwunden. Als ich mit meinen eigenen Kindern aufs Land zog, gab es dort einige Bauern. Aber wo waren die Kühe? Wann wurden sie auf die Weide getrieben, so dass man hinterhergehen konnte? Wo waren die Kuhfladen auf der Straße? Es gab nur zwei Indizien für ihre Anwesenheit – der regelmäßige Güllegestank von den Feldern und, für aufmerksame Beobachter, die riesigen Stallanlagen auf den Höfen. Mussten sie nicht mehr auf eine bestimmte Koppel gebracht werden, sondern hatten ihren Garten direkt vor der Haustür? Tür auf und raus? So wie bei uns zu Hause die Kinder?

Gegen diese Theorie spricht, dass die Weiden ziemlich leer waren im Verhältnis zu den gehaltenen Tieren. Wahrscheinlich waren die Ställe deshalb so groß, damit die Tiere viel Platz hatten. Mittlerweile waren Kühe nämlich zu Hochleistungskühen gezüchtet und mussten mindestens zwei Mal am Tag gemolken werden. Das Treiben war für die Bauern zu viel Arbeit und für die Kühe zu beschwerlich. Außerdem war das normale Weidegras nicht ausreichend als Nahrung für die Bildung von 50 Litern Milch am Tag. Also bekamen die Tiere Kraftfutter und blieben im Stall.

Gleichzeitig verschwanden sie aus dem gesellschaftlichen Alltag. Aus dem Auge, aus dem Sinn. Die Verbindung zwischen Milch und Kuh gibt es bei den Verbrauchern allenfalls noch theoretisch. Die Produktion wurde ausgelagert, aus dem Dorf, aus dem Gedächtnis, aus dem Sichtbaren. Das macht uns zu Ahnungslosen. Und das ist ein unangenehmes Gefühl – die Verantwortung abgegeben zu haben, ohne es wahrzunehmen. Diese Entfremdung von den Produktionsbedingungen habe ich erst bemerkt, als ich wieder auf dem Land wohnte.

Zeit und Raum

Es gibt bestimmte Klischees von Norddeutschen. Zum Beispiel dass sie wenig reden. Gefördert und benutzt wird dieses Klischee von Detlev-Buck-Filmen und Bierwerbung, die zweifelsohne unterhaltsam sind. In der Realität muss man die dargestellten wortkargen Typen allerdings suchen. Meiner Erfahrung nach reden die Leute im Norden eher viel. Sie sind nicht verschlossen, sondern teilen sich gerne und ohne Umschweife mit. Meist bekommt man zu wissen, wie die Dinge sind. Nicht wie man glaubt, dass sie sind, keine eigene Sichtweise der Welt, sondern vermeintliche Objektivität.

Und da wären wir beim Begriff Provinz. Der ist negativ konnotiert und bezeichnet den ländlichen Raum als rückständig, weil aktuelle Moden und Sitten zuerst in den Städten auftreten. Ich kann dazu nur sagen, dass die ersten Veganer, die ich kennengelernt habe, auf einer Warft wohnten und dass einige Berliner Freunde bei mir im Dorf den ersten Hugo ihres Lebens getrunken haben. Im Internetzeitalter gibt es keine Verzögerung bei der Verbreitung von Informationen mehr. Trotzdem gibt es dieses Provinzielle.

Ich wage mal folgende These: In der Provinz glaubt man, es gäbe nur eine Realität. Wie kommt das? Ich sage: durch die Wahrnehmung von Zeit und Raum. Wenn man auf dem Land sagen wir vierzig Minuten mit öffentlichen Verkehrsmitteln unterwegs ist, hat man eine weite Strecke zurückgelegt, ist man in einer anderen Welt. Man ist kilometerweit durch leeres Land gefahren und an einem neuen Ort angekommen. Man hat eine Reise gemacht und die Welt unterwegs so gesehen, wie sie ist: geprägt von Landschaft und Wetter. Fährt man vierzig Minuten durch eine Stadt, nehmen wir Berlin als Stellvertreterin für alle möglichen Großstädte, fährt man durch das große Kuddelmuddel einer ungeheuren Ansammlung verschiedenster Menschen und dicht bebautes Gelände. Man bleibt in der Stadt, bahnt sich lediglich seinen Weg durch diese unfassbare Vielfalt und versucht, die eigene Welt gegen die vielen anderen Welten um sich herum zu behaupten. Man muss noch nicht einmal mit jemandem reden, um zu erkennen, dass es viele verschiedene Meinungen zum Istzustand gibt. Man bewegt sich in vierzig Minuten nicht wirklich weg, man bleibt in Berlin, verändert nur seinen Standort innerhalb dieser Diversität. Dementsprechend gewöhnlich ist dann eine 40 minütige S-Bahn Reise, täglich unternommen zum Arbeitsplatz. Man pendelt innerhalb der Stadt von A nach B. Auf dem Land kommt dieser Zeitaufwand dem Pendeln in eine andere Stadt gleich. Das ist ein ungleich viel größerer Aufwand. Man verlässt das besiedelte Gebiet und tritt eine Reise an, die in einem anderen besiedelten Gebiet endet. Wahrscheinlich unterscheiden sich die Dörfer in ihrer Struktur und Einheit noch nicht einmal signifikant voneinander. Es sind lediglich andere Menschen in vergleichbaren Strukturen. Den Unterschied macht das leere Land dazwischen und der Eindruck, dass alles gleich ist, egal wie weit man fährt. Eine Realität eben.

Lärm der Vergangenheit

Als wir erzählten, dass wir im nördlichen Landesteil von Schleswig-Holstein ein Haus gekauft hatten, schlugen verschiedene Familienmitglieder erschrocken die Hände über dem Kopf zusammen. Wir mutmaßten, dass sie das vielleicht zu provinziell fanden, zu weit ab vom Schuss. Aber nein. Es waren die Kampfflieger, die dort ihrer Meinung nach das Leben beeinträchtigten. Und die im übrigen auch der Grund für die niedrigen Kaufpreise in dieser Gegend waren. Ob wir das denn nicht gewusst hätten.

Hatten wir nicht. Uns war bei den Besichtigungen kein Fluglärm aufgefallen, der günstige Preis (jedenfalls aus der Sicht von Städtern) allerdings schon. Deswegen hatten wir uns ja für dieses Objekt entschieden. Viel Platz für wenig Geld. Ein Blick auf die Karte gab den Warnenden jedoch Recht. Es gab Flugplätze in Leck, Eggebek, Jagel, Hohn und Kiel. Und wir lagen mittendrin. Aber wo war denn nun der Lärm? Die meisten Flugplätze waren stillgelegt oder auf ein Minimum reduziert. Es waren riesige Konversionsgebiete entstanden, um die sich wiederum Bürgerverbände kümmerten. In Eggebek zum Beispiel entstanden verschiedene Anlagen zur Gewinnung erneuerbarer Energien. Auf den verbliebenen asphaltierten Straßen konnte man super Autofahren üben. Dabei kam man auch noch an verlassenen, befahrbaren Hangars vorbei. Das war ein bisschen unheimlich, aber auch ziemlich spannend. So eine Perspektive auf menschenleeres Militärgebiet bekam man nicht alle Tage. In Jagel wollte man den Flugplatz für die zivile Luftfahrt öffnen. Dieser Plan wurde aber aufgegeben, weil der Widerstand in der Bevölkerung zu groß war. Nun lenkt man von hier aus Drohnen in außereuropäische Konfliktgebiete. In Leck war man scharf darauf, eine Universität auf dem ehemaligen Militärgebiert zu etablieren. Leider gab es keinen tragfähigen Finanzierungsplan.

Grundsätzlich könnte man sagen, es wird kaum noch geflogen. Die Erzieherinnen im Kindergarten berichteten, dass es früher normal gewesen war, dass einige der Väter Kampfflieger von Beruf waren. Die gab es aber nun nicht mehr. Von Krach erzählten sie nichts. Als wir eine Dekade später erzählten, dass wir ein Haus in der Stadt gekauft hatten, klatschten verschiedene Familienmitglieder in die Hände und meinten, auf dem Dorf sei es doch für die Kinder auch zu einsam gewesen. Was würden sie wohl sagen, wenn sie wüssten, dass nun jeden Abend der Rettungshubschrauber auf seinem Weg nach Hause über uns hinweg fliegt?

Skat statt Schach

Wenn jeder jeden kennt, heißt das auch, jeder kennt die Schwächen des anderen und hat schon mal gesehen, wie der andere Fehler macht. Wenn man ein Leben lang in der gleichen Dorfgemeinschaft verbringt, wird der eigene Lebenslauf mitsamt seinen Erfolgen und Misserfolgen von allen bezeugt. Ob man daraufhin mit positiven oder einschränkenden, gar negativen Attributen belegt wird, hat dann wiederum etwas mit Empathie und Sympathievorschuss zu tun. Das kann ganz schön einengen. Und ein bestimmtes Verhalten hervorrufen. Wie etwa in dieser Geschichte:

Jemand bezahlt seine Handwerkerrechnung nicht. Mahnungen werden geschrieben, Fristen verstreichen. Es gibt Grund zu der Annahme, dass der Schuldner nicht die Absicht hat, die Rechnung zu begleichen. Lässt sich der Handwerker das gefallen, drohen unter Umständen Trittbrettfahrer das Ganze existenzbedrohlich werden zu lassen. Also scheint es sinnvoll, eine Lektion zu erteilen. Über Nacht findet der säumige Kunde die Fenster seines Hauses beklebt mit den Plakaten: „Der Bewohner dieses Hauses bezahlt seine Rechnungen nicht." Und schon fließt das Geld. Damit bekommen sowohl der Kunde als auch der Handwerker eine Geschichte, die bleibt. Eine Geschichte, die diese Entwicklung unter Umständen nur deshalb genommen hat, weil der Handwerker genau wusste, dass sie ihm anhaften würde. Entweder als Verlierer, der sein Geld nicht bekommen hat. Oder als Gewinner, der sich nicht alles gefallen ließ und sich zu wehren wusste. Und er schrieb die Geschichte seines Gegners weiter, indem er ihn öffentlich als säumigen Kunden anprangerte. Es gab also ein doppeltes Ergebnis: der Handwerker bekam sein Geld und der Kunde einen schlechten Ruf. Es ist ein bisschen wie beim Skat. Nicht zuletzt das Blatt entscheidet, wer zusammen spielt. Die anderen merken sich genau, was schon gelegt wurde und was noch im Spiel ist. Man kann gewinnen, wenn man richtig reizt. Überreizen lohnt sich nicht. Aber auf Null spielen manchmal schon. Ich finde es ziemlich logisch, dass auf dem Land Skat gekloppt wird. Und nicht Schach gespielt.

Unverständlich aus der Ferne

D er Elbtunnel ist für uns das Nadelöhr auf dem Weg in den Süden. Gefühlt könnte man auch sagen, er ist unsere einzige Verbindung aufs Festland. Vor dem Elbtunnel herrscht fast immer Stau. Warum eigentlich? Der Elbtunnel hat mittlerweile vier Röhren, eine fünfte ist im Gespräch. Das Komische ist nur, dass weder ich noch sonst jemand, den ich kenne, schon einmal erlebt hat, dass alle vier Röhren gleichzeitig offen sind. Immer verengen sich die Fahrspuren vor dem Tunnel – ohne ersichtlichen Grund. Immer stehen dort Absperrungsschilder und leiten die Autos um auf andere Fahrbahnen. Das verlangsamt den Verkehr nicht nur, sondern behindert ihn auch. Es entstehen Staus. Was würde wohl passieren, wenn man einfach mal alle Spuren auf einmal befahren ließe? Einfach den Verkehr rollen ließe? Es wird wohl etwas Schreckliches befürchtet. Aus meiner offenbar eingeschränkten Sicht wäre der einzige Effekt, dass es schlicht keinen Stau mehr gäbe.

Bei uns im Dorf gibt es diese Selbsteinengung nicht. Bei uns gibt es nur finanzielle Einengung. Es gibt zum Beispiel einen ungeheuren Bedarf für eine weitere Sporthalle, aber aus Geldnot kann sie nicht gebaut werden. Das mit dem Elbtunnel ist nun gerade das Gegenteil. Wir hätten zwar genug Hallen, ließen aber eine geschlossen. Aus welchem Grund würde man so etwas tun? Vielleicht weil die Halle repariert werden muss. Übertragen hieße das, der Elbtunnel wird ununterbrochen repariert. Kaum ist eine Röhre fertig, kommt auch schon die nächste dran. Und wenn alle durch sind gleich wieder von vorne. Wir müssten also eigentlich gleich zwei Sporthallen bauen, damit immer eine wegen Renovierung geschlossen bleiben kann. Damit wird die Finanzierung dieses Projekts immer unwahrscheinlicher. Aber mein natürlicher Menschenverstand sagt mit auch, dass da ein Denkfehler sein muss. Also mit meinem Dorf-Weltbild und aus der Ferne bleibt mir der Stau vor dem Elbtunnel unverständlich. Und das Festland weiterhin nur mit Mühe erreichbar.

Landfrauen

Ich wusste weder, wer Landfrauen sind, noch dass es sie gibt. Deshalb nahm ich die Einladung eines Ortsvereins zu einer Lesung völlig unvoreingenommen an. Bis ich von einigen Leuten, vornehmlich Männern, darauf hingewiesen wurde, dass man sich unter Landfrauen nicht zwangsläufig strickende Bäuerinnen vorstellen sollte, sondern moderne, interessierte und aufgeschlossene Frauen. Ich wurde hellhörig. Es gab offenbar ein Image, das man zu zerstreuen suchte. Obwohl mir kein Grund einfiel, warum strickende Bäuerinnen kein super Publikum abgeben sollten. Aber egal.

Ich machte mich ein bisschen schlau und fand heraus, dass der Deutsche Landfrauenverband die Interessen aller Frauen und ihrer Familien im ländlichen Raum vertritt und dass es bundesweit mehr als 12.000 Ortsvereine gibt. Denn nicht alle Frauen, die auf dem Land leben, sind automatisch Bäuerinnen. Mittlerweile habe ich in mehreren Ortsvereinen im Norden gelesen und meine eigenen Eindrücke gesammelt. Das Bemerkenswerteste ist: jeder Ortsverein war anders. Es gab überalterte, bei denen der Höhepunkt der Veranstaltung eindeutig die Kaffeetafel war und nicht die Lesung. Die anwesenden Frauen verstanden mich nicht gut, weil sie schlecht hörten, und waren im besten Fall neugierig, aber nicht interessiert. Das sind wahrscheinlich Ortsvereine, die über kurz oder lang aussterben, weil sie keinen Nachwuchs haben. Es gab junge, dynamische, die Spaß daran hatten, sich gemeinschaftlich zu engagieren und Energiefunken versprühten. Und es gab mittelalte, gesetztere, die ihrer Sache ernsthaft und seriös nachgingen und wissensdurstig waren. Tendenziell waren alle Ortsvereine, die ich besuchte, natürlich altersmäßig gemischt.

Grundsätzlich hatten die Frauen den Willen, auf dem platten Land etwas zu erleben, Input zu bekommen. Und so ist es kein Wunder, dass die Landfrauen sich zu einem Forum entwickelten, das Erwachsenenbildung und Begegnungsstätte in einem ist. Alle vier Wochen treffen sie sich zu einer kulturellen Versammlung, die bestehen kann aus Ausflügen, Radtouren, Lesungen, Kino- oder Theaterabenden. Und es gibt natürlich auch caritative Aktionen, schließlich sind die Landfrauen aus der Flüchtlings- und Kriegsgefangenenhilfe Ende der 1940er Jahre hervorgegangen. Ein ziemlich interessanter Verein also, dessen Schnittmenge nicht der Berufsstand der Frauen ist, sondern ihre Verbundenheit mit dem Ort, an dem sie leben. Und der Wunsch, jenseits der ewig wiederkehrenden Aufgaben eine schöne Zeit mit Leuten zu verbringen, die sonst den gleichen Stress haben wie sie selber.

Faust auf dem Dorfe

Ortskulturkreise bringen, wie der Name schon sagt, Kultur in die Orte. Ehrenamtliche Helfer organisieren ein Programm, das dem einer kleinen Volkshochschule gleicht: Sport und Sprachen, Computer und Chor, Kochen und Kinderturnen. Und eben Lesen. Als Schriftstellerin durfte ich einen Literaturkurs anbieten, der schnell aus einem harten Kern wissbegieriger Leserinnen bestand und sich viele Jahre lang fortsetzte. Weder vorher noch nachher wurde ich jemals Zeugin, wie sich in atemberaubender Weise Denkprozesse ausdifferenzierten, nämlich anhand von Texten, deren Wirkung auf die Realität ich auch schon mal abgestritten hätte. Hier wurde mir von lebenserfahrenen Damen vorgeführt, was Literatur bedeutet, wie man sie mit dem Leben kurzschließen kann. Und ganz nebenbei erfuhr ich Dorfgeschichten, die in jeder Chronik fehlen und mit den letzten Augenzeugen aussterben werden.

Zum Beispiel das Unglück mit den Flüchtlingsfrauen, von dem nie geredet wurde. Sie wurden auf einem Anhänger zum Torfstechen gebracht. Der Wagen blieb auf den Gleisen liegen und der Zug raste hinein. Die Stimmung gegenüber den Flüchtlingen war so feindlich, dass die Toten ohne Grabmal beerdigt wurden. Sie wurden schlicht für immer aus dem Gedächtnis gelöscht. Die Kindheitserinnerungen der Frauen waren vage, das Blut und die Phobie aber klar erlebt und vehement und empört wiedergegeben. Nach dem Krieg waren die Häuser und Ställe voll von vertriebenen Deutschen, die irgendwie mit durchgebracht werden mussten. Ablehnung und Überdruss der gebeutelten Einheimischen war wahrscheinlich sogar noch eine menschliche Reaktion, die allerdings extreme Formen annahm. So war die Heirat von Dorfbewohnern und Flüchtlingen verboten. Einige blieben trotzdem. Der Flüchtlingsmakel fing erst nach zwei Generationen an zu verblassen. Dann gab es die Geschichte vom Pastor, der sich an heranwachsenden Mädchen vergriff, auch eins schwängerte. Von allen gewusst und von niemandem ausgesprochen. Kopfschütteln über die eigene Hilflosigkeit bei den Erzählerinnen, wenngleich immer noch hilflos. Aufatmen bei den Frauen, als die Pille auf den Markt kam und Selbstbestimmung Gestalt annahm. Heiterkeit, als sie von den Bauern berichteten, die sich gegenseitig bezichtigten, die Kühe des anderen verhext zu haben, so dass sie weniger Milch gaben. Die Frauen beschrieben all diese Erinnerungen auf eine zutiefst mitfühlende Weise. Ihr Gerechtigkeitskompass lotete die Konflikte aus und brach sie herunter auf die großen Themen Macht, Schuld, Sinn und Vergebung. Wen wundert es da, dass die beste Sitzung, die wir je hatten, Goethes „Faust Teil 2" behandelte. Mehr Kultur im Ort geht nicht.

Die Kunst des Jonglierens

Landärzte sind eine aussterbende Spezies. Unser Dorfarzt jedenfalls brauchte ziemlich lange, um einen Nachfolger zu finden. Weitsichtig wie er war, hatte er frühzeitig mit der Suche begonnen. Es kamen auch verschiedene junge Ärzte zur Probe, aber bleiben wollte niemand. Warum nicht? Weil es eine Lebensentscheidung ist. Ich glaube, unser Arzt hatte nie wirklich Feierabend. Bevor jemand mit Schmerzen in die nächste Notaufnahme fuhr, suchte er lieber den Doktor auf, egal wie spät es war. Zur Not auch zu Hause. Das ersparte ja vielleicht die Unannehmlichkeit des Krankenhauses. Wie unannehmlich das für den Arzt war, fragte sich wahrscheinlich niemand. Er musste also immer darauf gefasst sein, auch außerhalb seiner Sprechstunden befragt zu werden.

Unser Dorfarzt hatte es geschafft, eine Balance zwischen Patientenerziehung und ununterbrochenem Notdienst herzustellen, mit der er gut leben konnte. Er kannte seine Schäfchen und wusste, wer tatsächlich eine Schmerzbehandlung und wer lediglich Aufmerksamkeit brauchte. Bei Problemfällen machte er auch schon mal unangemeldete Hausbesuche, um nach dem Rechten zu sehen. Er wusste, um wen er sich sorgen musste. Er hatte viel gesehen und erlebt und handelte entsprechend seiner Erfahrung. In die Schulmedizin mischten sich Menschenkenntnis und gesunder Menschenverstand. Diese Kombination ermöglichte es ihm, mit der Dorfsituation und ihren Grenzüberschreitungen klar zu kommen. Diese Kombination war aber auch das Ergebnis von Zeit und bei den potentiellen Nachfolgern noch nicht wirklich ausgebildet. Unerfahrene Ärzte erschreckte vielleicht diese Phase der Entwicklung und die Unsicherheit, ob sie gut verlaufen würde und die gewünschten Ergebnisse brachte.

Am meisten ängstigte sie wohl die Unumkehrbarkeit. Solch ein Praxisprojekt konnte nicht so einfach wieder beendet werden, wenn man erst einmal die Verantwortung dafür trug. Es war also absolut eine Entscheidung fürs Leben. Sich in prominenter Stellung in einem fremden Dorf niederzulassen ist ein Wagnis. Es erfordert Offenheit und Flexibilität, Großherzigkeit und Empathie. Und nicht zuletzt ist kaufmännisches Kalkül gefragt, damit sich die Praxis auch rentiert. Zu viel Entscheidungsdruck für junge Leute, die nur in Ruhe arbeiten und eine Familie gründen wollen? Wahrscheinlich. Doch anders herum: man lebt seinen Beruf und ist sein eigener Chef. Das Jonglieren mit den Prioritäten ist die Kunst dabei.

Videotheken

Wir hatten das kulturelle Angebot der Großstadt, ohne zu zögern, gegen die ländliche Idylle eingetauscht. Wenn die Kinder im Bett waren und man selber zu müde, um zu arbeiten, waren auch Theater, Kino oder Kneipen nicht mehr interessant. Der letzte Luxus, der dann blieb, war abhängen und Filme gucken. Das galt für Stadt und Land gleichermaßen. Folgerichtig wurden wir Mitglieder in der nächsten Videothek zwei Dörfer weiter. Vor einem Filmabend musste man also noch mal los und ungefähr 15 Kilometer fahren, um einen Film auszuleihen. Das überstieg zwar manchmal die Kraftgrenze, oft genug aber auch nicht. Wir waren froh über die Möglichkeit, Filme ausleihen zu können, schließlich befanden wir uns vor dem Zeitalter von Netflix und Streaming. Es gab sogar noch Videokassetten, von denen sich das Wort Videothek ja herleitet, wenngleich die DVD ihren Triumphzug bereits angetreten hatte.

In unserer neuen Videothek gab es durchaus DVDs, ansonsten war sie aber ganz anders, als wir es kannten. In der Stadt hatte es eine Videothek um die Ecke gegeben, mit der Anmutung eines Elektrofachhandels: eine große Halle, mit Neonlicht ausgeleuchtet, kilometerlange Regale mit allen Filmen, die jemals gedreht wurden. Die erste Hälfte war für alle Kunden zugänglich, die zweite erst ab 18 Jahren. Dementsprechend sprangen im vorderen Teil begeisterte Kinder in der großen Auswahl umher, gefolgt von ihren Eltern, die die Wünsche ihrer Kleinen kritisch begleiteten. Wie anders jetzt unsere neue Videothek: ein kleiner Laden, schummrig und vollgestopft bis unter das Dach, Zutritt unter 18 verboten. Da hinein zu gehen fühlte sich schon fast so an, als ob man etwas Verbotenes tat.

Die Auswahl war überschaubar. Wir hatten bald alles, was uns interessierte, angeschaut und warteten sehnsüchtig auf die Neuerscheinungen. Trotzdem waren wie einigermaßen überrascht, als unsere neue Videothek schloss. Vor allem weil es so unerwartet kam. Eines Abends standen wir schlicht vor dem leergeräumten Schaufenster. Also wurden wir Mitglied in der nächsten, 15 Kilometer in die andere Richtung. Doch auch diese rentierte sich nicht und machte bald dicht. Wir waren endgültig abgeschnitten von Nachschub. Das war der Auslöser dafür, dass wir wieder Anschluss an die Moderne fanden. Widerwillig, aber gezwungenermaßen meldeten wir uns bei einer online-Mediathek an. Wenn alles glatt lief und der Film nicht hängen blieb, war das wunderbar. Man sparte sich die Fahrerei, es flogen keine DVDs mehr rum, die abgegeben werden mussten, und die Auswahl war immens. Die alte, schäbige Videothek passte aber irgendwie besser zu dem Gefühl, sich in die Provinz zurückgezogen zu haben, weg vom world wide Konsum.

Angler Muck

Wenn man mit dem Zug von Hamburg nach Flensburg fährt, kommt spätestens an der Rendsburger Hochbrücke die Minibar vorbei und bietet Getränke an wie „Pharisäer" und „Tote Tante". Dann weiß man, dass man bald zuhause ist. Für Touristen sind sowohl das langwierige Befahren der Hochbrücke als auch die exotischen Getränkenamen eine Attraktion. Die Getränke selber sind aber durchaus auch in anderen Gegenden bekannt, als „Irish Coffee" oder „Lumumba" etwa. Allerdings wurde bei uns im Norden gerichtlich festgelegt, dass ein Pharisäer mehr als 2cl Rum enthalten muss. In der Gegend, wo die „Tote Tante" erfunden wurde, drückt man das so aus: Es trinkt der Mensch, es säuft das Pferd – auf Nordstrand ist es umgekehrt.

Während also Pharisäer und Tote Tante Verkaufsschlager sind, trinkt man weiter im Osten, leise, still und heimlich, etwas anderes. Man könnte es auch das Angeliter Nationalgetränk nennen. Das ist bei der Bahn weniger bekannt. Und die Touristen halten sich schon mit dem Wort „Angeln" auf und dringen so gar nicht vor bis zum „Angler Muck". Das ist eine Mischung aus Zitronenlimonade und Korn, bei der das Mischverhältnis zwischen 3:1 und 1:1 liegt. Es wird aus einem eigens dafür hergestellten Porzellankrug ausgeschenkt, auf dem im Idealfall das Angler Wappen zu sehen ist. Er fasst 1,5 Liter und steht bei allen Feierlichkeiten auf dem Tisch. Eine Nachbarin von mir besaß so einen Krug, ein Familienerbstück. Ein weiteres Getränk, das seinen Ursprung im Grenzland hat, heißt „Schwarze Sau". Dazu braucht man „Türkisch Pfeffer", das sind dänische Lakritzbonbons, die mit Salmiakpulver gefüllt sind, und Wodka. Da die Bonbons stark zuckerhaltig sind, wird das Getränk likörartig. Vielleicht haben mir bisher deshalb vor allem Frauen davon erzählt. Um den eigentlich mehrtägigen Lösungsvorgang zu beschleunigen, schütteln Ungeduldige die Mischung. Die Zubereitungszeit soll damit bis auf 45 Minuten verkürzt werden können. Ein weiterer norddeutscher Schluck ist der „Helgoländer". Gemäß dem Spruch „Grün ist das Land/ Rot ist die Kant/ Weiß ist der Strand/ Das sind die Farben von Helgoland" besteht dieser Likör zu gleichen Teilen aus Pfefferminzlikör, rotem Sirup und Korn. Geschickt über einem Teelöffel eingegossen, bleiben die drei Schichten sichtbar und werden erst im Mund miteinander vermischt. Das wäre aber natürlich mit einer Minibar auf der Kanalbrücke nicht zu machen.

Altenheime
in der ersten Reihe

Unsere Gesellschaft altert. Auf dem Land ist das besonders deutlich zu merken. Das Altenheim, das vor zwanzig Jahren gebaut wurde und im Dorfbewusstsein immer noch neu ist, wurde mittlerweile erheblich erweitert. Zunächst entstanden altersgerechte Wohnungen, nun wurde auch der Pflegebereich verdoppelt. Land für die Erweiterungsbauten gab es zum Glück genug. Ergänzt wurde der Komplex mit einem Veranstaltungszentrum. Im Grunde ist dort ein neuer Gemeindeteil entstanden, ein Mikrokosmos im Mikrokosmos Dorf. Es gibt Bewohner und Arbeitsplätze, die einen verbringen ihren Lebensabend dort, die anderen ihr Erwerbsleben. Aus den meisten Fenstern kann man idyllisch über die Felder schauen. Ab und zu stehen Kühe oder Pferde auf den Koppeln, man sieht Rehe äsen oder Bussarde im Sturzflug. Es ist still und beschaulich.

Für alteingesessene Dorfbewohner ist der Wechsel in dieses Altenheim wahrscheinlich okay, denn sie bleiben in ihrem Dorf und in ihrem gewohnten sozialen Gefüge. Die Gespräche darüber, wer mit wem wann was gemacht hat, können unter Umständen sogar intensiviert werden. Anders allerdings kann es Menschen gehen, die erst mit dem Umzug in ein Altenheim aufs Land ziehen und die Idylle genießen wollen. Die kann nämlich schnell langweilig werden. Der mittlerweile nicht mehr seltene Anblick von Rehen weckt bald die Sehnsucht nach Interessanterem. Wer kann, ergattert eine Bank an der Hauptstraße, wo es mehr zu gucken gibt. Die Landmaschinen, der Berufsverkehr, die Schulkinder, ab und zu ein Radfahrer oder Reiter, Mütter mit Kinderwagen und viele Gassi gehende Hundebesitzer. Mit Glück entwickelt sich sogar ein kleiner Schnack.

In letzter Zeit entdecke ich ab und zu Bauschilder in Städten, die das Entstehen eines neuen Altenheims verkünden. Nicht selten befinden sie sich an verkehrsreichen Kreuzungen, eigentlich unattraktiv zum Wohnen. Wenn man aber schlecht hört und gerne beobachtet, erfährt solch eine Lage eine überraschende Neubewertung. Das eigene Zimmerfenster ersetzt dann den Fernseher, man sitzt in der ersten Reihe und sieht das Programm „Menschen im Leben".

Jeder seinen eigenen Mist

Unser Dorf ist ein Reiterdorf. Jeder zweite reitet, jeder dritte hat ein eigenes Pferd. Diese wohnen entweder im Stall hinter dem Haus oder auf einem Pferdehof. Es gibt eine Reithalle und viele Autos mit Pferdeanhängern auf dem Weg dahin. Ich habe mich anfangs gefragt, warum die Pferde nicht zu Fuß dorthin gehen. Mittlerweile kommt mir diese Frage natürlich nicht mehr in den Sinn. Man muss eben manchmal ein bisschen genauer hinschauen, um die Feinheiten zu verstehen.

Sind Pferd und Reiter im Dorf unterwegs, müssen sie auf der Straße gehen. Da fahren aber auch Autos. Aus Autofahrersicht sind Pferde auf der Straße eine Behinderung, die man schnellstmöglich hinter sich zu lassen bemüht ist. Pferde wiederum finden Autos, besonders schnelle, erschreckend. Wenn sich ein Pferd erschreckt, macht es Sachen, die es nicht soll. Es weicht vom Weg ab, bockt, schlägt aus. Auf einem Pferd hin zur Halle zu reiten ist also eher gefährlich. Was Pferde unterwegs auch tun, egal ob sie sich erschrecken oder nicht, ist kötteln. Sie hinterlassen Pferdehaufen auf der Fahrbahn, was einem ordentlichen Dorf nicht gut zu Gesicht steht. Folgerichtig gibt es die ungeschriebene Regel, dass jeder Reiter seinen eigenen Mist weg macht. Passiert das nicht, kommt etwas in Gang.

Es wird herausgefunden, wer da durchs Dorf geritten ist. Dafür gibt es immer genug Augenzeugen, so dass zu leugnen keinen Sinn macht. Will man sich aber gegen die Beschuldigung wehren, man habe nicht hinter sich aufgeräumt, muss man zum Zollstock greifen und mittels Messung beweisen, dass diese Pferdeäpfel von der Größe der des fraglichen Pferdes abweichen. Dann geht die Suche von neuem los, unter Umständen von Vermutungen beschleunigt, denn schließlich kennt man ja jetzt die Größe und hat ein Indiz mehr. Bis dahin sind aber schon mehrere Autos über den Mist gefahren, haben ihn platt gemacht und den Beweis zerstört. Jetzt muss der Gemeindearbeiter die Straße säubern. Das ist ziemlich ungerecht, denn der wird ja aus Steuergeldern bezahlt. Besonders ärgerlich ist das für Hundebesitzer (unnötig zu erwähnen, dass es von denen auch einige gibt im Dorf), die ja noch dazu Hundesteuern bezahlen. So kann großer Unmut entstehen, nur weil ein Pferd zu Fuß unterwegs ist statt mit dem Anhänger. Es gibt also gute Gründe dafür, mit dem Auto zum Reiten zu fahren. Aber das versteht man natürlich erst, wenn man diesen Mechanismus kennt.

Auf dem Rücken der Pferde

Wir wohnten in einem Reiterdorf. Es gab Höfe, wo Pferde untergestellt waren, und es gab Leute, die einen Stall für ihre Pferde im Garten hatten. Im Gegensatz zu den Mädchen in unserem Umfeld interessierten sich meine Söhne nicht für Pferde. Bis auf einen. Ihm zuliebe begleiteten wir einige Mädchen auf die Koppeln zu ihren Ponys, wo die Tiere eingefangen werden und zurück in den Stall gebracht werden mussten. Dort angekommen wurde gestriegelt, gebürstet, Hufe ausgekratzt und gefüttert. Mein kleiner Sohn wuselte völlig angstfrei um die Tiere herum, fasste sie an, wo es nur ging, half bei der Pflege und dem Füttern und war glücklich.

Irgendwann kam der Moment, in dem er den Wunsch äußerte, auch mal oben zu sitzen. Wir fanden jemandem, bei dem er „voltigieren" durfte. Das hieß eigentlich, sich ohne richtigen Sattel, vielmehr auf einer dicken Decke mit Griffen auf dem Pferd zu befinden und im Kreis geführt zu werden. Auf dem breiten Pferderücken konnte man dann allerhand Bewegungen machen. Besonders in Erinnerung geblieben ist mir der offenbar meditative Moment, wenn sich mein Sohn, rückwärts sitzen, auf das Hinterteil ablegte, die kleinen Arme hängen ließ (oder vielmehr über der Kruppe ausbreitete) und mit seiner Wange auf dem Fell lag. Das schien die entspannteste Haltung auf der Welt zu sein, Kind und Pferd waren eins. Das abschließende Hinabrutschen über das Hinterteil besiegelte die Zusammenarbeit.

Ich saß gewöhnlich am Rand und beobachtete, wie mein Sohn das Pferd genoss. Bei den Vorbereitungen allerdings lernte ich, die Tiere vor allem von Weitem mag, wie man einem Pferd hinter die Zähne in den Mund greift um die Trense anzulegen. Als hätte ich mit dem Wort „Trense" nicht schon genug gelernt. Dass man den Sattelgurt ein zweites Mal nachziehen muss, weil das Pferd beim ersten Mal den Bauch aufbäht und der Sattel dann beim Gehen zur Seite rutscht. Dass die eigene innere Verfassung eine Rolle dabei spielt, wie gut man den Huf anheben kann, um ihn auszukratzen. All das führte schließlich dazu, dass sogar ich ein-, zweimal auf einem Pferderücken saß und die Anweisungen der Reitlehrerin befolgte. Und ich kann nur glaubhaft versichern, dass Reiten nichts mit Sitzen zu tun hat. Innere und äußere Haltung, Konzentration, Souveränität und Oberschenkelmuskeln treffen es viel besser.

Trainer fürs Leben

Wir wohnten in einem Handballland. Meine Kinder fingen früh an, Handball zu spielen. So früh, dass anfangs noch nicht einmal ein Ball im Spiel war. Das Training hieß „Kinderturnen" und hatte vor allem etwas mit bewegen, mit klettern und laufen zu tun. Der Wechsel zum echten Handballtraining war zwar heiß ersehnt, aber irgendwie auch unattraktiv, denn die erste Altersklasse trug den Namen „Pampersliga". Zum Glück war die Trainerin ein echtes Highlight. Mit einer Engelsgeduld erklärte sie den Kindern, in welches Tor der Ball gebracht werden sollte, wie man fängt und wirft, dass alle immer aufpassen müssen, nicht nur der, der den Ball hat. Sie ließ sich durch das zeitlupenhafte Reagieren der Kinder nicht aus der Ruhe bringen und vermittelte ihnen tatsächlich ein erstes rudimentäres Spielverständnis. Außerdem verarztete sie Verletzungen, steckte die viel zu langen Trikots in die Hosen und band Schnürsenkel zu. Sie fuhr am Wochenende in aller Herrgottsfrühe zu Turnieren und fieberte mit ihren Zwergen mit, rief Anweisungen auf das Spielfeld und verbreitete gute Laune. Außerdem ärgerte sie sich mit den Eltern herum, vor allem, wenn diese zu ehrgeizig waren und alles besser wussten.

Meine Bewunderung für diese Trainerin wird nie aufhören. Denn alles, was sie tat, machte sie ehrenamtlich. Nebenbei hatte sie natürlich noch einen Job und wollte auch Zeit mit ihrer Familie und ihren Freunden verbringen. Vom Ausschlafen am Wochenende mal ganz zu schweigen. Wenn ihre Handballjungs nach zwei, drei Jahren in die E-Jugend aufstiegen, hatten sie tatsächlich eine Ahnung davon, wie man Handball spielte, bewegten sich halbwegs routiniert zwischen den Toren hin und her und hatten richtige Fortschritte gemacht. Die Trainerin hatte sich erfolgreich abgemüht, einen Grundstein zu legen. Die Früchte ihrer Arbeit trat sie dann an den nächsten Trainer ab. Das tat mir für sie immer am meisten leid. Der nächste Trainer war ein raubeiniger älterer Mann, der seine Befehle durch die Halle bellte, dass man kein Wort verstand. Ich war eigentlich davon überzeugt, dass für meine Söhne das Handballtraining hier endete. Der Ton war doch zu ungewohnt. Angsteinflößend geradezu. Dachte ich. Meine Söhne dagegen fanden den neuen Umgangston der Disziplin und damit der Trainingsqualität eher zuträglich. Der neue Trainer wurde ihnen, wie schon die erste Trainerin, ein Mentor. Auch er trainierte freiwillig und als Hobby Unmengen von Kindern, beeinflusste sie und brachte ihnen etwas bei. Warum nur?

Für mich als Mutter waren solche Menschen ein Segen, die ihre Zeit opferten, um fremden Kindern einen Input zu geben, den sie zuhause nicht bekommen konnten. Und die als Vorbilder fungierten, als Ratgeber, Lehrer und Freunde. Die gleichzeitig kantig waren, an denen sich die Kinder abarbeiten mussten. Sogar ich, als ewiger Zaungast, habe etwas gelernt. Handball besteht im Wesentlichen aus Teamgeist und Disziplin. Aus meiner Sicht hatten die Jungs also durchaus Trainer fürs Leben.

Verbriefte Beziehung

Ich kann mich noch gut an die Zeit vor dem Internet erinnern. Man hatte Briefpaper zu Hause und einen kleinen Vorrat an Briefmarken, um die Briefe zu frankieren. Das Kommunikationsaufkommen war bereits erheblich angewachsen, der tägliche Gang zum Briefkasten Routine. Ich umarmte die neue Möglichkeit, Emails zu schreiben statt Briefpost zu erledigen. Das war so viel schneller und eleganter. Mittlerweile kenne ich niemanden mehr ohne Email-Adresse. Selbst meine Elterngeneration hat sich umgewöhnt. Dafür ist das Email-Schreiben für meine Kindergeneration schon fast wieder so altmodisch wie früher das Briefeschreiben. Umso erstaunlicher, dass mein ältester, nunmehr erwachsene Sohn den Kontakt zu seinem langjährigen Handball-Mentor via Briefpost hält. Die beiden lebten schon immer räumlich voneinander getrennt und verabredeten sich in unregelmäßigen Abständen zum Einzeltraining. Dazu musste eine freie Sporthalle gefunden werden und natürlich ein gemeinsames Zeitfenster. Jener Trainer besitzt bis heute keine Email-Adresse und kein Smartphone. Als wortkarge Menschen kommt das gute, alte Telefonieren für beide lediglich zur Terminabsprache in Frage. Über die Lage beim Handball tauschen sie sich handschriftlich aus. Und zwar ausführlich, seitenweise. Ich weiß noch, wie ich meinem Sohn erklären musste, wie man einen Briefumschlag beschriftet, wohin man die Marke klebt und dass man eine vollständige Adresse braucht. Zu unser aller Überraschung kam der erste Brief mit der Adresse „hinter dem Bahnhof rechts rein" an. Dass man Postanschriften aufheben muss, um den Briefverkehr aufrecht zu erhalten, war eine schöne erste Lektion. Jetzt hat mein Sohn also nicht nur einen Trainer und Mentor, sondern noch dazu einen Brieffreund. Das hat schon ein bisschen was von einem Geheimbund, in dem altes Wissen vor dem Vergessen bewahrt wird. Und es ist irgendwie diskret und wegen der Handschrift trotzdem unmittelbar. Für mich hat die bloße Existenz dieser Briefe eine ganz eigene Intensität. Sie sind Boten aus der Vergangenheit. Und sie sind in meinen Augen wie nichts sonst geeignet, diese besondere Beziehung zwischen den beiden aufrecht zu erhalten.

Geheime Wahl

Als Kind fragte ich meine Eltern nach einer Bundestagswahl, was sie gewählt hatten. Sie antworteten: „Das waren geheime Wahlen." Das wusste ich. Damit sollte verhindert werden, dass jemand wegen seines Abstimmungsverhaltens von anders Denkenden eingeschüchtert wurde, unter Druck gesetzt oder gekauft. Diese Gefahren gingen ja von mir eigentlich nicht aus. Noch dazu schienen meine Eltern gewöhnlich kein Problem damit zu haben, ihre politische Einstellung innerhalb ihres sozialen Umfeldes zu vertreten. Warum also zierten sie sich so mit der Antwort? Es gab nur eine Erklärung: es musste ein Missverständnis vorliegen. Sie glaubten offenbar, es sei verboten zu erzählen, welche Partei sie gewählt hatten.

Viele Jahre später bekam ich es in unserem 3000-Seelen-Dorf wieder mit dem Wahlgeheimnis zu tun. Die Stimmenzählungen ergaben, dass 17 Leute die Grünen wählten. Nach zehn Jahren hatte ich immer noch nicht herausgefunden, wer das war. Sie blieben hartnäckig im Verborgenen. Alles andere wäre auch lästig gewesen, wie sich herausstellte. Mein Mann wollte sich in der Gemeinde politisch engagieren. Die einzige für ihn in Frage kommende Partei waren die Grünen. Es gab aber bei uns keinen Ortsverband. Also begann er im Kreisverband. Ein bekennender Grünen-Politiker war bei uns ein Exot. Das netteste, was man hörte, war das widerwillige Geständnis einiger Menschen, ihre Kinder oder Kindeskinder, allesamt als junge Wilde in die Stadt gezogen, wählten die Grünen.

Als eine Wahl bevor stand und mein Mann bei uns im Dorf Plakate installierte, wurden sie in einer Nacht-und-Nebel Aktion entsorgt. Und zwar vom Bürgermeister höchstpersönlich, der sich unvorsichtigerweise dabei beobachten ließ. Für die Partei mit dem geringsten Spendenaufkommen waren die Plakatständer jedoch wahre Werte, so dass mein Mann die Herausgabe derselben einforderte. Der Angesprochene stritt zunächst ab und räumte dann ein, im Graben des benachbarten Ackers so etwas wie Plakate gesehen zu haben. Wahrscheinlich fühlte er sich nicht nur im Recht, sondern er sah es geradezu als sein Pflicht an, das Dorf vor neuen, äußeren Einflüssen zu schützen. Schließlich stellte seine Familie traditionell den Bürgermeister und war mit den Bürgermeisterfamilien der Nachbargemeinden verschwägert. Eine wahre Dynastie also. Die damit verbundene Verantwortung musste erst mal geschultert werden.

Wenn also Menschen so konsequent vom Wahlgeheimnis Gebrauch machen wie in unserem Dorf, dann befürchten sie offenbar, beobachtet zu werden oder dass ihre Wahlentscheidung nachträglich rekonstruiert wird. Es kann für einige Menschen sehr sinnvoll sein, nicht zu erzählen, was sie wählen. Das Wahlgeheimnis garantiert einem ein ruhiges Leben. Mittlerweile, so höre ich, ist die Dynastie zerschlagen. Vielleicht ist der Thronfolger in die Stadt gezogen und zum jungen Wilden mutiert?

Alte Bahnlinien

Anfangs dachte ich, diese schnurgerade Straße, die unser Dorf mit der Außenwelt verband, sei dem platten Land geschuldet, das so weit war, dass sich Kurven erübrigten und man Luftlinie zum gewünschten Zielort fahren konnte. Später merkte ich, dass wir nicht in der Marsch wohnten, wo es tatsächlich so war, und ich entdeckte außerdem auch noch allerhand kurvige Straßen. Meine These taugte also nichts. Tatsächlich war die Straße so gerade, weil sie sich auf einer ehemaligen Bahnstrecke befand.

Diese Verbindung war für den öffentlichen Nahverkehr also unwiderruflich dahin. Andere Teilstrecken wiederum gab es noch, waren sogar noch befahrbar. Allein die Vorstellung, man könnte mit einem Elektrozug statt mit dem Überlandbus von Ort zu Ort fahren, begeisterte mich. Selbst die Fahrzeiten der Züge aus den 70er Jahren waren kürzer als die der heutigen Busverbindungen. Was irgendwie logisch ist, denn Busse halten ja auch viel öfter. Unsere Nachbarin, die eine Generation älter ist als ich, erzählte, dass sie früher mit dem Zug zur Schule gefahren war. Und zwar auf der Strecke, wo jetzt die Schnellstraße war. Kein Wunder also, dass die Kreuzung dort „Am alten Bahnhof" hieß. Komisch, dass mir das nicht früher aufgefallen war.

Auf einer stillgelegten Teilstrecke gab es das Angebot, Draisine zu fahren. Das machten wir eines sonnigen Tages. Nach der Hälfte der Zeit sollte man umkehren und die Draisine wieder abgeben. Lustig fuhren wir los und freuten uns, dass wir trotz der vielen kurzen Beine ganz schön Strecke machten. Wenn man eine Straße überqueren wollte, musste man anhalten, eigenhändig die Schranken runter lassen, dann rüberfahren, wieder anhalten und die Schranken wieder heben. Wir fuhren durch menschenleere Felder, machten Picknickpausen und hatten es gut. Von der Schiene aus hat man eine andere Perspektive auf die Welt, man schaut irgendwie von hinten drauf. Als wir umkehrten, merkten wir, warum wir so schnell gewesen waren. Wir hatten Rückenwind gehabt. Nun war es deutlich anstrengender, die Draisine in Bewegung zu halten. Schnell war klar, dass wir nur rechtzeitig zurück kamen, wenn die Eltern sich mächtig anstrengten und die Kinder sie dabei am besten nicht nervten. Als wir die Draisine erschöpft abgaben, hatten wir durchgefrorene, missgelaunte Kinder. Die Hochstimmung vom Aufbruch war verflogen. Und statt in einen beheizten Nahverkehrszug zu steigen, fuhren wir schweigend mit dem Auto auf einer schnurgeraden Straße nach Hause.

Glockengeläut

Im Dorf gab es eine schöne Feldsteinkirche aus dem 12. Jahrhundert. Der Kirchturm kam im 18. Jahrhundert dazu. Die Glocke ruft seit dem, wenn auch mittlerweile computergesteuert, die Gläubigen zum Gottesdienst. Auch bei Hochzeiten und Beerdigungen habe ich sie schon gehört. Alles in allem ist sie aber eher unauffällig. Man nimmt das Läuten wahr, weil es so selten passiert, sozusagen als ungewohntes Geräusch.

Früher konnte man in der Kirche Stühle reservieren, auf denen man unbeobachtet sitzen konnte, und niemand sah, dass man schlief. Tatsächlich war es nicht so selten, dass die Leute nach anstrengender Arbeit und wenig Ruhezeit in der Kirche einschliefen. Daher kam ein anderes Geräusch zum Einsatz. Beim Einsammeln der Kollekte befestigte man ein Glöckchen am Klingelbeutel, um die Schläfer zu wecken. Vielleicht erfüllen sie diesen Zweck noch immer - sofern die müden Menschen es heutzutage nicht vorziehen, zuhause zu bleiben und sich auszuschlafen.

Die Glocke unserer Kirche sagt nicht die Zeit an. Der Turm hat auch keine Uhr. Die Menschen im ländlichen Raum arbeiten seit jeher nicht nach der Uhrzeit, sondern nach der Sonne, dem Wetter und dem Kalender. Das Bimmeln der Stunden, geschweige denn der Viertelstunden, ist ein eher städtisches Phänomen. Es stammt aus dem Mittelalter, als die meisten Leute keine eigene Uhr hatten, aber wissen wollten, wann endlich Feierabend ist. Und das wollten nicht die Bauern wissen, sondern die Handwerker, Verkäufer und Angestellten. Auf dem Land wollte man nur wissen, wann man zur Kirche sollte und wann dort eine Festlichkeit stattfand. Ich finde diese Beobachtung interessant, weil zu meinem Bild eines idyllischen Dorfes das regelmäßige Glockenläuten dazu gehört. Stattdessen gab es in meiner Studienstadt Viertelstundenschläge. Gestört hat mich daran eigentlich nur, dass man bei den Viertelstunden nicht wusste, zu welcher Stunde sie gehörten. Diese unbeantwortete Frage hat mich nachts oft wach gehalten. In den Städten gibt es mittlerweile juristische Auseinandersetzungen wegen des traditionellen Stundenschlagens, es wird vermehrt als Lärmbelästigung empfunden. Bei uns im Dorf schlägt die Stunde nicht. Wir sind emanzipiert von säkularen Bräuchen und dürfen schlafen – egal ob in der Kirche oder zuhause.

Dinge, die sich nicht einprägen

Ich fuhr dieselbe Strecke zwischen unserem Haus und der Schule mehrmals am Tag. Ich kannte sie in- und auswendig. Zuerst einmal über die Straße auf den Radweg, der erst vor wenigen Jahren einen Bordstein bekommen hatte. Vorher war er ebenerdig zur Straße gewesen, und man hatte sich vor ausweichenden Treckern in Acht nehmen müssen. Dann vorbei an meiner Lieblingsnachbarin, die eigentlich immer draußen war und im Garten werkelte. Ein kurzes „Hallo"- und „Wie ist das Wetter"-Rufen im Vorüberfahren, dann an den anderen Nachbarn vorbei. An der Pferdekoppel musste man auf den kleinen Hund aufpassen, der dort meistens aufgeregt herum lief, Schnauze am Boden, und nicht auf Radfahrer achtete. Dann passierte man den großen Stromkasten, hinter dem sich die Kinder manchmal versteckten, um einen zu erschrecken. Vorbei am Wäldchen, aus dem heraus mich einmal ein Reh angeguckt hatte. Kurz vor der Brücke über die Au dann die Bank mit hölzernem Abfalleimer. Hier machten die Suchtis manchmal Rast auf ihrem Weg zwischen Kaufmann und Entzugsheim. Es war traurig, wenn Flaschen im Mülleimer lagen. Hinter der Brücke begann der Friedhof, schön mit Feldsteinmauer und gusseisernen Pforten abgetrennt. Man konnte sich ganz schön erschrecken, wenn plötzlich jemand vom Friedhof auf den Radweg trat, ohne dass man ihn kommen sah.

Schließlich die kleine alte Kirche, bevor der moderne Dorfkern anfing. Unter dem Turm, auf dem weißen Giebel der Kirche, prangte ihr Erbauungsjahr in schwarzen, eisernen Ziffern. Nachdem ich ungefähr hunderttausend Mal daran vorbei gefahren war, nahm ich mir vor, mir diese Jahreszahl zu merken. Und obwohl ich es versuchte, misslang es. Ich baute mir verschiedenste Eselsbrücken, die alle nicht funktionierten. Kölnisch Wasser, also „4711" sollte mir helfen, nur konnte ich mich beim besten Willen nicht daran erinnern, wie. Diese Merkhilfe rief bei mir nur das Bild der großen Werbung im Kölner Hauptbahnhof hervor. Mittlerweile habe ich es aufgegeben, mich an die Jahreszahl erinnern zu wollen. Ich weiß, sie steht unabänderlich auf der Kirche. Und wenn es mich überkommt und ich Gewissheit haben will, dann google ich das Bild. Sobald ich die Kirche sehe, erinnere mich augenblicklich an die vielen Kleinigkeiten auf dem Weg. Die Jahreszahl allerdings sehe ich immer wieder wie zum ersten Mal.

WUNDERVOLLES DORFLEBEN

Die Chronik

Wie überall sonst auch gab es bei uns im Dorf Sammler. Ich meine nicht diese Messie-Typen, die jeden Fitzel Zeitung aufhoben und das Haus vollmüllten. Auch nicht diejenigen, die zu einem bestimmten Thema sammelten, etwa „Enten", und dann auf jeder Fensterbank und in jeder Nische verschiedenartigste Enten stehen hatten. Ich meine diejenigen, die Geschichten sammelten, Fakten und Informationen aus der Vergangenheit, die Daten und Ereignisse festhielten, bevor sie verloren gingen. Ich meine Chronisten.

Die Chronisten unseres Dorfes waren sehr fleißig gewesen und hatten die Entwicklungen und Veränderungen über die Jahrhunderte akribisch dokumentiert. Dabei herausgekommen war ein Buch, 700 Seiten stark und sehr detailreich. Wir als Neuankömmlinge legten uns das Werk sofort zu. Es war ein beeindruckendes Buch, in Lederoptik mit Gold-Prägung. Eben einer Chronik würdig. Als wir das Buch kauften, wurde uns folgende Geschichte erzählt: Bei der Entscheidung, in welcher Auflage die Chronik gedruckt werden sollte, nahm man die Einwohnerzahl des Ortes als Richtwert. Jeder sollte die Geschichte seines Dorfes besitzen oder geschenkt bekommen können, ob zum Geburtstag, zur Konfirmation oder zur Taufe. Die wahren Verkaufszahlen gingen aber eher in die Richtung, dass jeder Haushalt sich eine Chronik anschaffte. Es blieben also eine Menge Exemplare liegen. Eine große Menge. So eine große Menge, dass eine Garage angemietet werden musste, um die Bücher zu lagern. Dort lagen sie nun, staubten vor sich hin und fraßen Geld. Man hatte schlicht nicht berücksichtigt, wie viel Platz dicke Bücher beanspruchten.

Ich weiß nicht, was wir uns von der Chronik versprochen hatten. Wir wollten wahrscheinlich etwas über den Ort erfahren, in dem wir lebten. Ohne aber die Familien zu kennen, um die es da ging, kamen wir nicht weit beim Lesen. Wir stellten es ins Regal, wo es zwischen Nachschlagewerken und der Bibel einen unaufgeregten, aber soliden Platz fand. Als wir auszogen, ließen wir diesen Schatz der Dorfgeschichte für unsere Nachfolger stehen. In einem Haus, das selber Teil dieser Geschichte war.

Feuerwehrsirene

Als wir in unser Dorf zogen, gab es noch Feuerwehrsirenen. Sie heulten im Brandfall die Freiwillige Feuerwehr herbei, die auf ihrer Homepage ausdrücklich darauf hinwies, dass sich niemand sonst um den Einsatzort zu kümmern hatte. Manchmal heulten die Sirenen auch einmal kurz am Samstag um zwölf zum Testen, ob sie einwandfrei funktionierten. Eine Sirene befand sich im Dorfkern auf dem Dach der Gaststätte. Die Lautstärke, mit der sie ihre Signale sendete, war wirklich ohrenbetäubend. Zum Glück hatte der Ton einen kleinen Vorlauf, so dass man sich nicht zu Tode erschreckte, wenn er anfing, und noch Reaktionszeit blieb, um sich irgendwie davor zu schützen. Es gab noch zwei weitere Sirenen an den entgegengesetzten Dorfenden. Wenn es einen Alarm gab, ging er wie ein Echo über dem Ort hin und her. So ein bisschen altmodisch kamen einem die Dinger ja vor. Man dachte unwillkürlich an Fliegeralarm und Krieg.

Irgendwann wurden sie abgebaut. Ihr Nutzen nach dem Ende des Kalten Krieges war zweifelhaft geworden und die Wartung kostete Geld, das man gerne einsparen wollte. Mittlerweile hatten die Feuerwehrleute ja auch einen „Piepser", der sie im Notfall alarmierte, ohne gleichzeitig die

Leute aufzuschrecken. Allerdings gab es nun auch keine Möglichkeit mehr, die Bevölkerung nachts aus den Betten zu holen. Katastrophenszenarien, in denen das nützlich sein konnte, hatten zwar nichts mehr mit Krieg zu tun. Es gab sie aber trotzdem. Man denke etwa an eine Sturmflut oder das Elbehochwasser. Oder gar an einen AKW-Störfall. Deshalb blieben an den Küsten und in der Nähe von Atomkraftwerken und Chemiefabriken einige Sirenen stehen. Unsere Gemeinde lag offenbar weit genug vom Wasser und vom nächsten AKW entfernt, so dass die Nachteile der Sirenen überwogen. Wie bei uns verschwanden sie in vielen Dörfern von den Dächern. Seit den Anschlägen vom 11. September trauern die Innenminister der Länder diesem Warnsystem allerdings hinterher. Ein Wiederaufbau würde nicht weniger als 130 Millionen Euro kosten. Dagegen waren die Wartungskosten wahrscheinlich lächerlich gering. Zum Glück lag unser Dorf jenseits aller bekannten Terrorverbindungen, man könnte fast sagen jenseits der bekannten Welt. Wir hatten also nichts zu fürchten, blieben verschont vom Klang der Sirenen und mussten jetzt anders herausfinden, wo es brannte. Zu diesem Zweck wurden dann eben die Buschtrommeln geschlagen.

Alarm

Wir feierten gerade den ersten Geburtstag unseres jüngsten Sohnes und saßen lustig an der Kaffeetafel zusammen, als der Feueralarm los ging. Kurze Zeit später hörten wir Martinshörner und staunten nicht schlecht, als sie in unmittelbarer Nachbarschaft anhielten. Wir waren erschrocken und gingen raus, um zu sehen, was da los war. Drei Häuser weiter loderten hohe Flammen in den Himmel, mehrere Feuerwehrfahrzeuge waren angerückt, drum herum eine Menschentraube.

Die freiwilligen Feuerwehrmänner sahen konzentriert und angespannt aus. Wir konnten beobachten, wie auf einen Unterflurhydranten ein Standrohr geschraubt wurde, an welches dann Schläuche angeschlossen wurden. Der hintere Anbau des Hauses brannte lichterloh, die Flammen griffen bereits auf eine hohe Birke über. Ein derartig großes Feuer sah man selten. Es hatte eine einschüchternde Kraft, das gelegentliche Rauschen schien direkt aus einem Drachenschlund zu kommen. Sonst war es unheimlich ruhig, die gewaltige Kraft und die Stille passten irgendwie so gar nicht zusammen.

Ich hatte in Spanien einmal im Vorbeifahren einen Waldbrand gesehen. Das Flammengeräusch hatte die desaströse Wirkung verstärkt und den Wunsch befeuert, Reißaus zu nehmen. Hier war nur das ungläubige, hilflose Schweigen der Leute zu hören. Die Feuerwehrmänner waren hinter dem Haus verschwunden, und nach einer gefühlten Ewigkeit wurden die Flammen kleiner und verloschen. Der Anbau lag in Schutt und Asche und die Birke war halbseitig verkohlt. Die Kinder standen mit offenen Mündern da und beobachteten die Feuerwehr in Aktion. Die Erwachsenen hatten ein mulmiges Gefühl und waren froh, dass der Spuk vorbei war. Unter allen Anwesenden, auch der Feuerwehr, machte sich Erleichterung breit, als nur noch rußige Dampfwolken aus der Glut aufstiegen. Als nächstes musste nun herausgefunden werden, was zu dem Brand geführt hatte. Gefahr erkannt, Gefahr gebannt. Aber das war so schnell nicht festzustellen. Die Menschenmenge verlor sich, während die Feuerwehr ihre Ausrüstung wieder einpackte. Wir begaben uns zurück an unsere Kaffeetafel. Und staunten nicht schlecht, als wir entdeckten, dass wir die Kerzen hatten brennen lassen.

Kegeln versus bowlen

Unser Dorfkrug hatte eine Kegelbahn. Sogar eine Bundeskegelbahn. Dort wurden hin und wieder Kindergeburtstage gefeiert. Als ich meinen Sohn einmal dort abholte, fiel mir wieder ein, dass ich als Kind auch ein paar Mal kegeln war. Dieser dunkle, schlauchartige Raum, fensterlos und schlecht ausgeleuchtet. Vorne ein rustikaler Esstisch mit Stühlen, eine staubige Stofflampe mit Quasten darüber. Hinter der Glasabtrennung zwei Kegelbahnen, etwas heller beleuchtet. Vorne große Lautstärke und Feierlaune, hinten Konzentration beim Werfen. Das perfekte Setting für Wintergeburtstage – der Rückzug in die Höhle. Die Kinder mochten den Wettbewerb zwischen den beiden konkurrierenden Gruppen, und sie mochten Pommes und Fanta. Kurz gesagt gefiel ihnen die Ausnahmesituation. Das etwas muffige Ambiente schien sie überhaupt nicht zu stören.

Kürzlich holte ich wieder einen Sohn von einem Wintergeburtstag ab. Wir waren mittlerweile in die Stadt umgezogen. Hier ging man nicht kegeln, sondern bowlen. Der Stadt-Land-Unterschied konnte deutlicher nicht sein. Ich betrat eine riesige Halle, vorne ein großer, moderner Restaurantbereich, offen dahinter etwa zwanzig

Bowlingbahnen, neonhell. Stimmen, Geschirr-klappern und Musik vermischten sich unge-hemmt mit den Geräuschen der Bowlinganlage und wurden durch die Halle zu Lärm verstärkt. Meines Erachtens eher Hölle als Höhle. Den Kindern hatte nach wie vor der Kampf um den Sieg gefallen, Pommes und Fanta waren auch lecker wie immer. Das Ambiente war ihnen offensicht-lich nicht so wichtig.

Den Erwachsenen aber schon, denn das Restau-rant und die übrigen Bahnen waren voll besetzt. Dies war offenbar ein beliebter Ort, um seine Freizeit zu verbringen. Was für mich Stressfakto-ren waren – Menschengedränge und Lärm –, wurde von allen anderen offenbar als Erholung empfunden. Das Kegelbedürfnis einer großen Anzahl Menschen konnte hier befriedigt werden, und noch dazu amerikanisch modern abgesetzt vom Provinzmief. Neu gegen alt, chic gegen alt-hergebracht, fremd beeinflusst statt selbstgenüg-sam. War das wirklich dem Publikumsgeschmack geschuldet? Oder dem Hang nach glamouröser Selbstdarstellung? Es war jedenfalls offensicht-lich: was dem einen der Himmel, ist dem anderen die Hölle.

Der Alptraum der modernen Frau

Es war ein schöner Tag. Zusammen mit meinen Nachbarinnen war ich zum Kaffeetrinken eingeladen. Wir waren ein bunter Haufen aus Alt und Jung, alle eher gesprächig. Das würde bestimmt lustig werden. Als ich das gequälte Lächeln meiner Lieblingsnachbarin sah, dämmerte mir, dass da irgendwo ein Haken sein musste. Ich war völlig ahnungslos, bekam aber nichts anderes aus ihr heraus, als dass sie auf keinen Fall bis zum Schluss bleiben konnte. Ich tappte wirklich völlig im Dunkeln, wenngleich mir hinterher einfiel, schon einmal davon gehört zu haben, wovor sie Angst zu haben schien.

Meine Vorfreude wurde jedenfalls ein wenig getrübt, und ich nahm mir vor, wachsam zu sein. Das ging aber schlecht, denn als wir in die gute Stube geführt wurden, musste ich mich erst einmal satt sehen an dem, was andere Leute für schön hielten. Wir bekamen Torte serviert, und ich war abgelenkt vom Staunen und Smalltalken. Die Teller wurden nachgefüllt mit anderen Kuchen, ohne dass ich die Wachsamkeit entwickelte, die aufrecht zu erhalten ich mir doch vorgenommen hatte. Erst als das Wort „Friesentorte" fiel und meine Lieblingsnachbarin einen panischen Gesichtsausdruck bekam, wurde ich irgendwie wach. Ich merkte, dass ich nach einigen Stücken Kuchen eigentlich voll war. Ich versuchte, witzig zu sein und fragte, wie viele Kuchen denn noch kämen. Die triumphale Antwort war: noch fünf, die Friesentorte war die Mitte. Ich brauchte wieder einige Zeit, um diese Information zu verdauen. Hier trafen sich tatsächlich Frauen, die keine Kalorien zählten und ungehemmt in Torten schwelgten. Die Fressorgien bei den Buddenbrooks waren nichts dagegen.

Mittlerweile hatte sich meine Lieblingsnachbarin mit einem plausiblen, wahrscheinlich gut geplanten Grund verabschiedet. Gehen wollte ich eigentlich nicht. Ich wollte nur nicht mehr essen. Das wurde allerdings nicht akzeptiert. Die Frauen fingen an, in unterschiedlicher Intensität auf mich einzureden. Da platzte der Knoten in meinem Kopf, und ich begann fieberhaft, mir einen Grund zu überlegen, warum auch ich nicht länger bleiben konnte. Ich hatte ja kleine Kinder, die alleine waren. Also verabschiedete ich mich nach Gang 6 mit verklebtem Magen und dem Drang nach Neutralisierung.

Als meine Nachbarinnen im Nachklang darüber redeten, wie nett das Kaffeetrinken gewesen war, meinte ich neckend, etwas Herzhaftes zwischendurch wäre auch nicht schlecht gewesen. Da wurde mir ernsthaft versichert, dass der 11. Gang grundsätzlich Käsebrötchen waren. Um den süßen Geschmack wegzukriegen. Und wem das nicht reichte, der bekam auch noch einen Schnaps. Es war eben schade, wenn man früher weg musste.

Heute habe ich Zeit

Was ich auf dem Dorf gelernt habe ist, mich nach Ereignissen zu richten. Die Denkfigur, die meine Unternehmungslust vorher beherrschte, war: „Heute habe ich Zeit. Mal sehen, was so läuft." Auf dem Land schaut man, was so läuft, und dann richtet man seine Freizeitplanung daran aus. Das gilt für kulturelle Veranstaltungen genauso wie für soziale Events. Man lässt im Ereigniskalender ungern etwas aus, denn das Angebot ist ja eh schon so eingeschränkt. Die Termine für hölzerne oder Petersilien-Hochzeiten lassen sich schon Jahre im Voraus blocken, bei weißen Hochzeiten muss man sich etwas flexibler zeigen. Runde Geburtstage sind ebenfalls lange vorhersehbar. Das jährliche Feuerwehrfest und das Maibaumfest sind bekannte Termine. Erwartbarkeit trägt zum Gelingen einer Veranstaltung bei. Der Blutspende-Termin etwa ist der erste Mittwoch jeden dritten Monats. Der Müllsammeltag zur Dorfverschönerung ist am ersten Mai. Ebenso die Eröffnung der Freibades, die unabhängig von der Wetterlage stattfindet. Die Messe des Gewerbevereins, das Fest der Kirchengemeinde, die Sommerfeste der Schule und Kindergärten, das Pfingstturnier des Sportvereins – alles gesetzte Termine. Zusätzlich dazu finden Lesungen und Theater-Gastspiele im Dörps-Hus statt, Kino im Gemeindesaal, Konzerte in der Kirche und Ausstellungen in der Sparkasse. Es geht ziemlich schnell und man hat keine Abendtermine mehr frei. Die Tendenz geht dann eher dahin zu sagen: Heute habe ich Zeit. Hoffentlich läuft nichts.

Hinter Windkraftlastern

Ich kam öfter mal spät abends nach Hause. Ich hatte abends verschiedene Termine. Am längsten dauerte eindeutig die Bandprobe. Auch der Heimweg dauerte hier am längsten. Ein paar Dinge waren obligatorisch auf jeder Nachtfahrt dabei: jemand, der mit 70 km/h durch die Dunkelheit tuckerte, und jemand, der mich mit Lichtgeschwindigkeit überholte. Ansonsten war es in ruhigen Nächten ziemlich finster auf der Strecke, durchbrochen nur durch die roten Blinklichter der Windräder und manchmal einen phänomenal gelb und groß aufgehenden Mond.

Seitdem die Windkraftanlagen repowered werden, gibt es jedoch auch vermehrt die berüchtigten Schwertransportkolonnen, die nicht überholt werden dürfen. Viele Leute haben das mittlerweile schon mal erlebt und berichten oft fassungslos, dass sie mit Tempo dreißig von Flensburg nach Husum fuhren. Ich war das erste Mal genau so fassungslos, fast so fassungslos jedenfalls wie bei dem Bahnübergang, der mit Flutlicht erhellt für einige Stunden geschlossen blieb, weil ein paar Meter weiter Waggons entladen wurden. Man musste warten oder sich eine Alternativroute suchen. Zum Glück konnte ich jemandem hinterher fahren, sonst wäre ich orientierungslos bis zum Sonnenaufgang durch die Landschaft geirrt. Bei meinem zweiten Schwertransport fuhr ich erst mal Tanken, besprach am Telefon, wie viel Verspätung für die anderen akzeptabel war und reihte mich wieder in die Autoschlange am Ende des Transportes ein, ohne überhaupt die fatale Hoffnung zu nähren, das Ziel der Transporter läge nahe. Im Laufe der Zeit tüftelte ich Nebenstrecken aus, auf denen ich die Transporte manchmal zu umgehen versuchte. Es war ziemlich gutes Timing gefragt, damit das klappte. Man musste die Landstraße ja wieder erreichen, bevor der Tross auch da war. Ich wurde eine Blinklichtexpertin, die schon am Schimmer hinter der nächsten Kurve die Gefahr erkannte und reagierte. Oft erkannte man einen drohenden Schwertransport auch an den umgelegten Straßenlaternen und Schildern, an den mit Gummimatten verbreiterten Fahrbahnen im Kreuzungsbereich oder abgebauten Inseln und durchbrochenen Kreiseln. Das sagte einem Spurenleser allerdings leider noch nichts über die Richtung aus, die die Fahrzeuge genommen hatte. Am liebsten waren mir die entgegenkommenden Züge. Da musste man nur am Straßenrand warten, bis alle langsam und schwerfällt an einem vorbei gefahren waren. Ein bisschen unheimlich war es, wenn man im dichten Nebel urplötzlich vor so einer Karawane stand, das warnende Blinklicht in der trüben Suppe verschluckt. Alles zusammen genommen würde ich sagen – auf den nordfriesischen Landstraßen war nachts so allerhand los.

Windräder

Es gab zwei Sichtachsen bei uns im Dorf, auf denen man ein Windrad sehen konnte. Und zwar nicht so irgendwo am Horizont, sondern zum Greifen nah. Nach dem Repowering verhielten sie sich wie Michael Endes Scheinriese bei Jim Knopf: je weiter sie weg waren, desto größer wirkten sie. Sie berührten mit ihren Rotoren beinah den Boden, so schien es. Außerdem sah es so aus, als drehten sie sich langsamer als die kleinere Generation davor, die quirlig durch die Luft gewirbelt war. Diese hier wirkten gravitätisch in ihren ausholenden Bewegungen. Die Größe, mit der man da konfrontiert wurde, war schon irgendwie futuristisch.

Als ich kürzlich zufällig in einer dieser Sichtachsen den Blick hob und die Anlage das erste Mal bewusst sah, fand ich den Anblick beinah erhaben. Eine Bekannte von mir wohnte ein paar Kilometer weiter draußen in Alleinlage, direkt daneben. Sie war sehr erleichtert darüber, dass Atomstrom endlich von Windenergie abgelöst werden sollte. Mit ihr konnte ich darüber reden, dass die heller werdenden grünen Streifen am Turmfuß hässlich waren, ebenso wie die gänzlich grauen Modelle. Das waren aus unserer Sicht missglückte Versuche, die Anlagen farblich in die Landschaft zu integrieren. Zwar waren die grauen Modelle bei schlechtem Wetter wirklich kaum auszumachen, dafür riefen sie bei Sonnenschein Trübsinn hervor. Wir bevorzugten beide die schlichten weißen Typen, die bei Sonnenschein strahlten und bei diesigem Wetter die Erinnerung an das Strahlen wach hielten.

Die neuen Windräder waren ein Faszinosum. Die scheinbar gemächlicheren Drehbewegungen, die unfassbare Größe – wer hätte es vor wenigen Jahren für möglich gehalten, dass sich die hektischen Windräder der Anfangszeit in unaufdringliche Giganten entwickeln würden? Sie hatten auf jeden Fall das Potenzial zur Attraktion. Wenn zum Beispiel Touristen im Zug Richtung Norden ungeduldig auf ihren Sitzen hin und her rutschten, bis endlich jemand die erlösenden Frage stellte: „Wann kommen denn endlich die Windräder?" Vielleicht sollte man verstärkt Führungen anbieten, in denen man optimaler Weise sogar mal auf einen Turm hinauf darf, und sei es auch bloß ein stillgelegter. Ich wäre die Erste, die sich da anmelden würde. Und garantiert nicht die Letzte.

Fuhrpark

Was es bedeutete, vier Jungs und ausreichend Platz zu haben, zeigte sich an den Ausmaßen und vor allem am Inhalt unseres Schuppens: ein Fuhrpark ohne gleichen. Zuerst einmal gab es die obligatorischen Bobby Cars. Wir dachten zwar, dass es bei vier dieser Art keine Streitigkeiten um die Verteilung geben würde. Tatsächlich war aber eins grün statt rot, wurde zum Polizeiauto deklariert und war fortan das Begehrteste. Damit war es gleichzeitig der Auslöser für unsere Jungs, eine Konfliktkultur zu entwickeln.

Neben Bobby Cars gab es auch noch einen Trecker. Einen Trecker wohlgemerkt. Mit Anhänger. Der Kenner weiß, was sich hier anbahnt. Zum Glück erbten wir bald einen zweiten Trecker, so dass die unterschiedlichen individuellen Vorlieben befriedigt werden konnten. Irgendwann wurden diese kleinen roten Roller interessant, die hinten zwei kleinere Räder hatten. Auch in dieser Reihe hatten wir ein Sondermodell, und zwar einen einfachen Holzroller. Ihm wurde jedoch nicht das gleiche Schicksal zuteil wie dem Polizeiauto. Eher das Gegenteil. Ziemlich bald danach wurden Fahrräder interessant. Ich mochte daran am meisten diese hohen Fahnen, die oben unglaublich schwankten beim Fahren und alle anderen Verkehrsteilnehmer zu höchster Vorsicht veranlassten. Mit den Fahrrädern kamen die Helme. Was gut war, denn alsbald kamen Inliner dazu, desweiteren Cityroller und Skateboards. Von Wave- und Longboards mal ganz zu schweigen. Der Schuppen war also ein riesiger Fuhrpark, ergänzt durch Fahrradanhänger und Bollerwagen. Dann gab es auch noch saisonale Fortbewegungsmittel wie Holzschlitten, Rutschteller, Snowboards bzw. Schwimmbretter und Poolnudeln. Mal abgesehen von dem ganzen Kleinkram wie Protektoren, Schwimmärmel, Taucherbrillen, Flossen.

Und wer wie ich nun das Gefühl hat, wir wären großzügige Eltern gewesen, den muss ich eines besseren belehren: wir hatten kein Kettcar. Nicht ein einziges. Obwohl die schwer in Mode und auch bei unseren Jungs heiß begehrt waren. Zum Glück ging diese Sehnsucht vorüber, so wie auch der Reiz aller anderen einst so attraktiven Gefährte und wir konnten sie eins nach dem anderen abstoßen. Damit verschwand auch das Gewühle im Schuppen, der sich zu einer respektablen Fahrradgarage mauserte. Dieser Luxus verschleierte ein wenig die Tatsache, dass nun eine sehr intensive Lebensphase unwiederbringlich vorbei war.

Ohne Netz und doppelten Boden

Irgendwann wurde es modern, für die Kinder Trampoline im Garten zu haben. Davor waren es Swimming-Pools aus einer festen Plane gewesen, die durch die Wassermenge auf Spannung gehalten wurde. Einen solchen Swimming-Pool anzuschaffen, lehnten wir aus verschiedenen

Gründen ab. Beim Trampolin war das anders. Das kam uns vor wie ein gutes Spielgerät.

Wir kauften das Größte, das wir finden konnten. Und von Stund' an waren die Kinder verschwunden. Sie hüpften und hopsten und lernten die Dynamik des Netzes kennen. Es dauerte nicht lange, da wurden die ersten Sprungfiguren entwickelt, die natürlich immer weiter perfektioniert und wagemutiger wurden. Da wir kein Sicherheitsnetz hatten, konnte man auch von einer Leiter auf das Trampolin springen, so dass man direkt viel höher flog und ausgefeiltere Pirouetten drehen konnte. Man konnte auch vom Dach des Kinderhauses springen. Aus dem Fenster des ersten Stockwerks wäre theoretisch auch gegangen, wurde aber leider von mir verboten. Man konnte Abwerfen spielen, indem jemand von außen versuchte, die hüpfenden Kinder auf dem Trampolin mit einem Ball zu treffen.

Bald war das Trampolin voll mit meinen eigenen und allerhand befreundeten Kindern. Stundenlang beschäftigten sie sich auf dem Trampolin und wurden dessen nicht müde. Irgendwann wurde ich von anderen Eltern darauf hingewiesen, dass es versicherungstechnisch schwierig war, wenn sich ein fremdes Kind auf unserem Trampolin verletzte. Ich müsse den jeweiligen Eltern deutlich machen, dass ihr Kind auf eigene Gefahr darauf spielte. Oder es eben, so wie sie es selber handhaben, gleich unterbinden. Zum Glück war ich kein Angsthase. Die positive Wirkung des Trampolins auf alle darauf Hüpfenden war erstaunlich und wurde natürlich weiter von mir unterstützt.

Die Kinder entwickelten erstaunliche Geschicklichkeiten und wurden kreativ. Es gab alle möglichen Zustände zwischen Meditation und Akrobatik auf diesem Trampolin. Und es ist nie jemandem etwas passiert. Irgendwann schafften wir ein Sicherheitsnetz an, weil die Jungs Abwerfen auf dem Trampolin spielen wollten und der Ball dabei nicht immer in die Büsche fliegen sollte. An diesem Netz hat sich sofort ein Besuchskind verletzt, indem es irgendwie unglücklich mit dem Finger zwischen zwei Stangen gerutscht war. Manchmal bewirkt der Versuch, alles Mögliche sicherer zu machen das schlichte Gegenteil. Und manchmal tut es eifach gut, mal ohne Netz und doppelten Boden zu sein.

Schnecken

Wir hatten einen wunderbar großen Garten, in dem sich die Kinder ungestört herumtreiben konnten. Die versteckten Winkel hinter dem Schuppen, zwischen den Kastanien oder am Knick waren hoch frequentiert. Es wurden Tiergehege gebaut, Schwertkämpfe gewonnen oder Katzen bemuttert. Jedenfalls war viel los. Und zwar unabhängig vom Wetter. Gut verpackt in Regensachen war auch Nässe ein super Zeitvertreib. Es gab offenbar nichts, was in diesem Garten gestört hätte.

Von der Schneckenplage hörte ich zuerst von den Nachbarn. Jeden Abend gingen sie ihre Grundstücke ab, sammelten die Nacktschnecken ein und entsorgten sie auf die eine oder andere Weise. Entweder steckte man sie in einen Wassereimer oder bestreute sie mit Salz oder – und das war eigentlich unangefochten der sicherste Weg – man schnitt sie mit der Schere einmal durch. Mir waren die Schnecken auf dem Radweg aufgefallen. In der Senke vor einer Unterführung lagen so viele, dass der Weg nicht mehr zu sehen war. Sie lagen übereinander auf einem großen Haufen, eine riesige schwarze, schleimige Pfütze aus Schneckenleibern. Ich fuhr mit meinem Sohn bergab. Und als wir die Natur des Hindernisses erkannten, waren wir zu schnell, um noch zu bremsen. Um also nicht mittendrin stecken zu bleiben, beschleunigten wir, so sehr wir konnten, und hofften, den Matsch schadlos zu überwinden und nicht auszurutschen. Es klappte. Aber ein bisschen geschlingert sind wir schon, und das Gefühl, durch diese Masse an Schnecken zu brettern, war echt unangenehm.

Ja, es gab viele Schnecken in diesem Jahr. Unser Garten war trotzdem noch ein super Spielplatz. Oder auch gerade deswegen. Denn eines schönen Regentages, nach langem konzentrierten Spiel, kam mir mein gut gelaunter Zweijähriger entgegen. Begeistert hielt er mir Nacktschnecken entgegen. Eine in jeder Hand und eine im Mund. Ich wollte ihm den Spaß nicht verderben und nahm sie mit gespieltem Ernst, aber eifrig, ab.

Dann passierte etwas, was uns alle schlagartig davon überzeugte, dass Nacktschnecken viel schlimmer waren, als wir gedacht hatten. Wir hatten Spielbesuch. Der Junge, der begeistert im Garten mitgespielt hatte, kam plötzlich angerannt, schrie hysterisch und jagte mir einen Höllenschreck ein. Denn ich konnte zunächst gar nicht aus ihm heraus bekommen, was los war. Ich beschloss erst einmal anzunehmen, dass jemand, der so viel Kraft zum Ausflippen hatte, sich nicht ernsthaft verletzt haben konnte. Dann kamen meine Kinder und klärten mich auf. Der Junge war beim

Laufen ausgerutscht und hatte beim Fallen in eine Nacktschnecke gefasst. Daraufhin hatte er einen Nervenzusammenbruch bekommen. Um nicht so ratlos vor seinem Dilemma zu stehen, einigten wir uns darauf, dass Nacktschnecken echt eklig waren. Seitdem erinnern wir uns nur noch angewidert an vormals lustige Schneckengeschichten.

Norddeutscher Sprech

Bei uns wird nicht nur mit norddeutschem Akzent gesprochen, sondern es gibt auch ein paar Merkwürdigkeiten bei der Sprachnutzung, die über das etwas spezielle Betonen hinaus gehen. Anfangs dachte ich noch, dass das vielleicht Grauzonen zwischen Deutsch und Dänisch sind. Es sind aber ganz klar Gewohnheiten der deutschen Sprachgruppe.

Etwas, von dem ich nie dachte, dass ich es einmal sagen würde, war „Naschi". Bei mir war das bisher unter Süßigkeiten oder Schnökerkram gelaufen. „Naschi" war so sehr Babysprache, dass ich mich lange weigerte, es in den Mund zu nehmen. Aber das stete Hören ölt die Zunge. Irgendwann war es heraus, und ich habe es seit dem nicht zurück genommen. Ähnliches gilt für „Punsch", den ich unter Glühwein kenne. Als ich am Weihnachtsmarkt einen Glühwein bestellte und zur Antwort bekam „Na, du bist aber nicht von hier", wechselte ich das Wort aus. Das ging verhältnismäßig leicht, ich finde das Wort „Punsch" eigentlich ganz witzig. Was ich allerdings bis heute bekämpfe, ist der weibliche Artikel für Farben. Beim Malen sagen die Kinder (und ErzieherInnen und LehrerInnen) „Gib mir mal die Gelb". Wie bitte? Ja doch, schon recht gehört. Die Rot, die Blau, die Grün. Das habe ich zuhause nicht durchgehen lassen, das war einen drüber.

Den eigenwilligen Gebrauch von Dativ und Akkusativ habe ich dagegen nie wirklich thematisiert, nur unermüdlich richtig wiederholt. Denn wir wissen ja: stetes Hören ölt die Zunge. Meiner Beobachtung nach wird der Dativ hier gewöhnlich durch den Akkusativ ersetzt. Also „Wen gehört das?", „Ich gebe den Kind das Eis" usw. Den Dativ habe ich selten gehört, und wenn dann in Sätzen wie „Ich geh mal im Stall", „Bringst Du das mal im Auto?", „Das lässt einem ja nicht kalt". Man checkt es nicht.

Von meiner Nachbarin habe ich ein starkes Wort gelernt, das ich allerdings nicht sofort als Dysphemismus erkannt habe. Auf die Frage, wie es

ihr ging, antwortete sie: „Ich bin halbvergnügt."
Das hieß eigentlich, dass sie schlechte Laune hatte. Und wenn man sich über etwas freut, sagt
man „Dazu freue ich mich". Dagegen ist „Das ist
echt Sünde" noch geradezu normal. Meine Mutter allerdings hat uns immer verboten, „Sünde"
zu sagen, weil sie das blasphemisch fand. Aber
sie kam ja auch aus dem katholischen Süden. Das
krasseste Erlebnis war aber, als ich mich am Wagen von Berties Bräter sagen hörte: „Einmal zwei
halbe Hahn". Komisch für welche Sprachabsur-
ditäten man empfänglich ist und für welche nicht.

Poe

J edes Mal, wenn ich an POE-Plakaten vorbei
fuhr, dachte ich an Edgar Allan Poe. Ich fand es
unangenehm, dass ich ihn nicht wirklich gelesen
hatte und auch sonst wenig über ihn wusste. Nur
so viel, dass er Kriminalgeschichten geschrieben
und womöglich so etwas wie den Detektiv erfunden hatte. Das war echt ein Fischen im Trüben
und löste bei mir Unwohlsein aus. Gleichzeitig

war mir sein Name doch bekannt, ja geradezu vertraut. Er war Teil der Populärkultur, dessen war ich mir sicher. Schließlich hatten unzählige Veranstaltungen seinen Namen als Motto.

An jeder Laterne hingen Plakate, die zum POE einluden. Wahrscheinlich ging das in die Richtung „Krimidinner", wo neben einem mehrgängigen Menü auch tischweise ein Kriminalfall zu lösen war. Sollte sich diese Form der Unterhaltung hier wirklich so großer Beliebtheit erfreuen, wie es die Dichte der Plakate glauben machte? Vielleicht, wenn man sich das Menü wegdachte und dafür Herrengedecke vorstellte. So wie wir als Kinder „Mord im Dunkeln" gespielt hatten, nur eben für Erwachsene. Beim Spekulieren über die Art der Veranstaltung hatte ich das unbehagliche Gefühl, auf dem Holzweg zu sein. Trotzdem assoziierte ich mit jedem Plakat E.A.Poe. Wie sehr ich der irdischen Welt entrückt war, zeigte sich, als ich nach Jahren jemanden sagen hörte: „Kommst du mit zum Pe Oh Eh?" Pe Oh Eh? P.O.E. – Poe – oh nein. Ich wusste doch, dass ich einem Irrtum unterlegen war.

POE war die Abkürzung für „Party ohne Ende". Die Existenz dieser Feste hatte ich durchaus schon registriert. Sie waren auch schlecht zu ignorieren, weil der Musiklärm die ganze Nacht über die Felder waberte und am nächsten Morgen überall

Spoiler rumlagen. Das also war auf den Plakaten gemeint gewesen. Edgar Allan Poe hat auch gerne gefeiert, ihm hätte das bestimmt gefallen. Und mir gefiel, dass ich es nicht kategorisch ausgeschlossen hatte, hier eine kulturelle Veranstaltungsreihe vorzufinden, die sich auf Poe bezog. Nach einiger Zeit auf dem Land hält man eben alles für möglich.

Ringreiten

Ich hatte das Wort schon einigermaßen lange gekannt, bevor ich wusste, was es ist. Ringreiten war irgendwie ein Volkssport mit Pferden, bei dem immer richtig viel los war. Damit habe ich mich am Anfang zufrieden gegeben. Doch dann zeigte mal jemand im Vorbeifahren auf diese zwei langen Stangen, die recht häufig auf Koppeln zu sehen waren, und meinte, dass die zum Ringreiten gehörten. Ich konnte mir absolut keinen Reim darauf machen und ließ mich aufklären.

Ringreiten funktionierte ungefähr so wie Ritterturniere. Man galoppierte mit einer Lanze auf ein Ziel los, in diesem Fall nicht den gegnerischen Ritter, sondern auf einen Ring, der zwischen den beiden Pfosten aufgehängt war. Diesen Ring musste man durchbohren bzw. aufspießen. Das hörte sich erst mal unspektakulär an, war aber offenbar mit richtig viel Geschick verbunden. Im Laufe des Turniers verringerte sich der Durchmesser des Ringes von 22mm bis auf 6mm. Das war sportlich. Und das war mal etwas, was den Pferden wahrscheinlich auch Spaß machte. Man konnte das Ganze aber auch ohne Pferd machen – und zwar auf dem Fahrrad. Bei Volksfesten mit „Spiel ohne Grenzen"-Charakter kam dieser Wettbewerb durchaus vor. Allerdings waren Kinder davon ausgeschlossen und durften lediglich zuschauen – ich nehme an wegen der Verletzungsgefahr. Es gab ein großes Hallo, wenn Erwachsene mit Drahtesel und Lanze bewaffnet, einer Karikatur gleich, versuchten, den Ring aufzuspießen.

Einer meiner Söhne meinte, er fand es immer total ungerecht, dass Kinder und damit er davon ausgeschlossen waren und er den Tag herbei sehnte, an dem er auch Fahrrad-Ringreiten durfte. Als dieser Tag kam, war seine Sehnsucht allerdings in Kopfschütteln umgeschlagen. Er meinte, es sei schon merkwürdig, dass Erwachsene begeistert mit dem Fahrrad und einer Lanze auf einen Ring zu fahren. „So stellt man sich die Freizeit auf dem Land vor."

Kläranlagen

Als wir unser Haus auf dem Land bezogen, wurde das Dorf gerade an die Kanalisation angeschlossen. Die Straße wurde aufgerissen, und es wurden riesige Betonrohre im Boden versenkt. Da das Grundwasser sehr hoch lag, musste die Baustelle ununterbrochen von Generatoren leer gepumpt werden. Seit dieser Zeit weiß ich, was Tiefbau bedeutet.

Unser Haus hatte, so wie alle anderen auch, bis dato eine Klärgrube. Das heißt: im Garten war ein großer Behälter vergraben, in den das Abwasser geleitet wurde und der regelmäßig von einem Tanklaster ausgepumpt werden musste. Wie regelmäßig, mussten wir aus oben erwähnten Gründen zum Glück nicht mehr herausfinden. Das Regenwasser nun sollte nicht in die Kanalisation geleitet werden. Denn man würde ja verhältnismäßig sauberes Wasser verunreinigen, wenn man es mit Schwarzwasser vermischte. Das würde einen Abstieg in der Qualitätskette bedeuten und einen Mehraufwand für die Klärung. Und das war ja eigentlich leicht zu vermeiden.

Aus Eigentümersicht wäre es allerdings verlockend gewesen, die Regenrinne einfach an das große Kanalrohr anzuschließen. Es hätte viel Arbeit erspart. Wir buddelten aber pflichtbewusst lange Gräben vom Haus weg, legten Abflussrohre hinein und huben Sickergruben aus. Einige Jahre später wurde tatsächlich kontrolliert, ob das Regenwasser vom Abwasser getrennt worden war. Und zwar blies man Dampf von der Straße durch die Kanalrohre in die Häuser. Bei einem Haus gegenüber, für alle gut sichtbar, qualmte tatsächlich die Regenrinne. Seit dieser Zeit weiß ich, was kollektives Fremdschämen bedeutet.

Gleichzeitig mit der Kanalisation wurde natürlich auch eine kleine Kläranlage außerhalb des Dorfes angelegt. Da liegt sie, als sei sie schon immer da gewesen, völlig unaufgeregt und wie nebenbei da gelandet. Der neu ausgebildete Klärwärter ist sein eigener Herr und trägt die volle Verantwortung mit Stolz. Sein Klärwerk unterschreitet die bundeseinheitlichen gesetzlichen Mindestanforderungen deutlich. Er hat einen Arbeitsplatz, über den man nur Positives sagen kann. Die Lebensqualität im Dorf hat sich durch die Baumaßnahmen deutlich verbessert. Verächtlich wird über Hinterwäldler geredet, in deren Siedlungen die Fäkalien noch in den Gräben schwimmen. Eine Veränderung, die sonst grundsätzlich eher als Bedrohung empfunden wird, hat sich als moderner Baustein der Selbstvergewisserung einer Gemeinde herausgestellt. nun weiß ich auch, was es heißt, aus Scheiße Gold zu machen.

Online-Dialog

Es gibt Entwicklungen im ländlichen Raum, die nicht so gut sind. Dass zum Beispiel Geschäfte schließen. Wenn im Dorfkern leere oder abgeklebte Schaufenster zu sehen sind, erhöht das nicht gerade den Wohlfühlfaktor, und die Tendenz zur Landflucht, die zu den Schließungen maßgeblich beigetragen hat, verstärkt sich noch. Wenn dann auch noch die kleine Dorfschule zumacht, gibt es für junge Familien keinen Grund mehr, dort zu wohnen. Die Dörfer leeren sich, und keiner kommt nach, wie man hier so sagt. Die günstigen Häuserpreise allein reichen als Argument nicht aus. Das Gefühl macht sich breit, es gehe irgendwie bergab mit dem ländlichen Raum. Darauf hat der Kreis Schleswig-Flensburg reagiert und einen Online-Dialog eröffnet unter dem Titel „Wie wollen wir 2030 im Kreis Schleswig-Flensburg leben?" Die Idee ist super, denn diese Aktionsform durchbricht ein anderes Gefühl, das weit verbreitet ist, und zwar dass man einer willkürlichen Politik von nicht vertrauenswürdigen Vorteilsnehmern unterworfen sei. Oder anders gesagt: der Online-Dialog dient auch der demokratischen Erziehung von nörgelnden, notorischen Besserwissern, die damit in die Pflicht genommen werden. Der Grad des Nichtwissens ist bei vielen Leuten tatsächlich beängstigend. „Die da oben" machen was sie wollen und sind nicht etwa gewählte Volksvertreter. Dass man nicht studiert haben muss, um sich in ein Parlament, egal auf welcher Ebene, wählen lassen zu können, wurde mir nicht abgenommen. Grundsätzlich herrscht das Gefühl des Ausgeschlossenseins vor.

Nun darf also im Kreis mitgeredet werden. Im zugehörigen Werbefilmchen hört sich das so an: „Mit unserem Denken und Handeln bestimmen wir, was morgen Wirklichkeit sein wird." Das glaube ich eigentlich auch. Man kann nur hoffen, dass viele informierte und positiv denkende Menschen in den Dialog einsteigen. Das Denken und Handeln der Anderen macht ja gerade eine Demokratie so interessant, in der die Verantwortung auf einige Unabhängige übertragen wird. Später im Film wird das noch mal so gesagt: „Menschen im ländlichen Raum wissen, was gut für sie ist, was sie brauchen – und welche Veränderungen sie mittragen werden." Das ist auch mein Eindruck. Ob das allerdings gut oder schlecht ist, darüber kann man streiten. Und ob so ein Meinungsforum die gegenwärtigen Entwicklungen aufhalten kann. Denn im Endeffekt braucht man dafür entschlossene Entscheider. Und weniger Nörgler.

Briefträgerin

Unsere Postbotin war ziemlich kompetent. Sie erleichterte uns das Leben zum Beispiel dadurch, dass sie Sendungen, die nicht in den Briefkasten passten, ins Haus legte. Wenn ich sie traf, war sie einem Plausch nicht abgeneigt. Dann zeigte sich, dass sie ziemlich gut Bescheid wusste über ihre Empfänger. Diese Schnacks waren so typische „Willst du einen Schnaps?"-Situationen. Bei mir hat sie allerdings nie einen bekommen. Ich fand es irgendwie altmodisch, während der Arbeit zu trinken. Meine Schwiegereltern haben den Handwerkern in der Mittagspause noch eine Kiste Bier hingestellt. Und sich dann gewundert, dass die Arbeit schlecht gemacht war. Oder sie haben ihren Gästen Zigaretten angeboten, obwohl sie selber Nichtraucher waren und Tage brauchten, um den Gestank wieder aus dem Haus zu bekommen. Diese Zeiten waren zum Glück vorbei. Schnapstrinkende Postboten gab es nur noch in französischen Filmen.

Unsere Briefträgerin und ich, wir schnackten nur ein wenig, man erfuhr so dies und das, und dann trennten wir uns bis zum nächsten Tag. Und manchmal weiß man erst, was so ein Austausch von Freundlichkeiten wert ist, wenn man ihn nicht mehr hat. Eines Tages kam unsere Briefträgerin ziemlich aufgebracht und traurig bei uns an und verkündete, es gäbe nun neue Arbeitsbedingungen bei der Post. Sie sei jetzt nicht mehr für immer den gleichen Bezirk zuständig, und außerdem wurden die Gebiete vergrößert, so dass im Akkord gearbeitet werden musste. Sie verabschiedete sich von uns und der guten alten Zeit. Danach sah ich sie nur noch selten und immer im Stechschritt. Von diesem Zeitpunkt an hatten wir wechselnde Zusteller. Die Bezeichnungen „Postbote" oder „Briefträger" waren passé, wie es schien. Diese Zusteller waren kurz angebunden und befanden sich im Dauerstress. Sie hatten es stets eilig, ihre Bewegungen waren zackig und schnell. Zum Lächeln fehlte die Zeit. Ich versuchte, ihnen die Sendungen bereits am Gartenzaun abzunehmen, um ihnen eine Verschnaufpause zu gönnen. Doch hastig eilten sie davon, ein flüchtig gemurmeltes „Moin" auf den Lippen. Was gäbe ich nicht für die gute alte Zeit mit unserer Briefträgerin. Wahrscheinlich sogar einen Schnaps.

Dorfjugend

Für einen Jugendlichen auf dem Land war das größte Problem die Mobilität. Weil die Busse selten fuhren und die Mutter nicht immer Zeit hatte, schafften sich viele, sobald es ging, ein Motorrad an. Oder besser gesagt ein Moped, Mofa, Mokick oder einen Motorroller. Was man eben unter 18 so kriegen konnte. Auf dänisch heißen diese Fahrzeuge übrigens „knallert", was meines Erachtens eine richtig gute Bezeichnung dafür ist. In der Dämmerung jedenfalls knatterte es im Dorf los Richtung Bushaltestelle. Dort, oder noch lieber gegenüber bei den Einkaufswagen vor Edeka, traf sich die Dorfjugend. Früher hatten sie diese Strecke zwar auch zu Fuß oder mit dem Fahrrad geschafft, aber das war natürlich ziemlich uncool. Früher waren sie auch mit dem Bus in die Schule gefahren.

Es war der Beginn eines neuen Lebensabschnittes, wenn man mit dem Schulwechsel zum Buskind wurde. Zunächst einmal mussten Buskinder erheblich viel früher aufstehen, denn der Bus ging um sieben Uhr. Ich hatte einmal die abwegige Idee, jenen Sieben-Uhr-Bus zu nehmen und war irgendwie befremdet ob der gesamten Umstände. Zunächst wartete ich mit ungefähr 40 Schülern an der Haltestelle. Der ankommende

Bus war bereits gut gefüllt, das sah man schon von Weitem. Der Hinweis des Busfahrers, dass direkt im Anschluss noch zwei weitere Busse fuhren, verpuffte im allgemeinen Drängeln. Ich entschied mich, die Ansage zu glauben und blieb mit ein paar wenigen Schülern stehen. Tatsächlich bogen gleich zwei weitere Busse um die Kurve. Wir stiegen ein, und während der erste Bus wegen Überfüllung gar nicht mehr hielt, wiederholte sich das Schauspiel an den folgenden Stationen für unseren Bus. Er wurde rammelvoll, während der dritte uns halbleer folgte. An anderen Tagen allerdings kam manchmal auch nur ein Bus, in den niemand mehr hinein passte. Oder es kam auch mal keiner. Die Pechvögel wurden dann von eifrigen Müttern in die Schule gefahren, die Glückspilze konnten unverrichteter Dinge wieder nach Hause gehen.

Wenn schon der Weg in die Schule Unlogisches bereithielt, wollte man nicht wissen, wie logisch der Tag für die Schüler wohl weiterging. Kein Wunder, dass man vom Ernst des Lebens sprach, wenn man Schule meinte. Und kein Wunder, dass motorisierte Zweiräder bei der Dorfjugend so favorisiert wurden.

Verlust der Unschuld

Meine Kinder wuchsen im Freiland auf. Zunächst nur im eigenen Gartenrevier und im Kindergarten, als sie älter wurden auch bei den Pfadfindern. Feuer machen, schnitzen, bauen, wandern, campen – das war alles schwer angesagt. Und zwar nicht so sehr mit uns, den Eltern, sondern mit der eigenen Peergroup. Am besten waren die mehrtägigen Lager, von denen sie geräuchert, dreckig, übermüdet, aber überglücklich zurückkehrten.

Im Garten wurde ein Baumhaus gezimmert und die Feuerstelle fachmännisch angelegt. Mit zunehmendem Alter entwickelte sich das mehr in Richtung Überlebenstraining und Selbstverteidigung. Und irgendwann kamen Waffen ins Spiel. Als junge Eltern hatten wir versucht zu vermeiden, dass unser Erster mit Waffen spielt. Als die großen Jungs auf dem Spielplatz, mit Stöcken bewaffnet und das Geräusch eines Maschinengewehrs imitierend, durch die Büsche huschten, beobachtete unser Dreijähriger das ganz genau. Er dachte, sie spielten Feuerwehr und löschten Brände. Erst als er beim Buddeln im Sandkasten eine Spielzeugpistole fand, wurde ihm klar, was da wirklich lief. Dass ich ihn beim Feuerwehr-Missverständnis im Unklaren gelassen hatte, war mir ziemlich unangenehm. Deshalb ließ ich ihm die Pistole und die ganze Wahrheit. Geballert wurde ja sowieso, ob mit Stöcken oder der bloßen Hand. Mit der Entscheidung, jetzt Waffen freizugeben, war ich aber auch nicht ganz zufrieden. Deshalb versuchte ich, Schusswaffen zu ignorieren. Stattdessen gab es Zwillen, Pfeil und Bogen und Schwerter. Tatsächlich waren die Kämpfe mit Hartgummiwaffen über Jahre der Renner. Meine fünf Jungs hatten alle ein Gummischwert, und die wurden nicht nur im Garten benutzt, sondern auch auf dem Spielplatz. Das Kampfgeschrei und die gladiatorenhafte Körperlichkeit bei diesem Spiel waren so eindringlich, dass kleine Kinder beim Zuschauen manchmal Angst bekamen. Aber ein Spektakel war es. Dann kam die Zeit der Softairs. Das waren Nachbildungen echter Gewehre und Pistolen. Sie sahen so täuschend echt aus, dass man sie nicht im öffentlichen Raum tragen durfte. Außerdem schossen sie mit kleinen Plastikkugeln, weshalb es eine Altersbeschränkung beim Kauf gab. Man musste einen Augenschutz tragen, und dicke Kleidung war auch empfehlenswert. Softairs waren die Waffen der Stunde. Man traf sich mit ein paar Leuten und spielte „battle". Der dauerte gut und gerne zwei Stunden. Durchgeschwitzte, abgekämpfte und zufriedene Jungs waren das Ergebnis. Was half es da, dass ich diese Form von Spielzeug ganz schrecklich fand? Ich tröstete mich mit dem Gedanken, dass das besser war als Ballerspiele am Computer. Erstlingseltern erzählen ihren Kleinen übrigens gerne, dass die kleinen bunten Kugeln, die sie im Wald aufsammeln, eine Fee verloren hat. Mittlerweile stehen meine Kinder auf Rap-Battle, also Wortgefechte mit Sprechgesang. Das Motiv „Kampf" zieht sich spielerisch durch ihr ganzes Leben. Nun bewundern sie Leute, die Wortakrobatik beherrschen. Das Ergebnis könnte schlechter sein, finde ich. Und das alles nur, weil jemand seine Plastikpistole im Sandkasten verloren hat.

Geräusche, die ich in der Stadt nicht höre

D as erste, was mir einfällt, wenn ich an Geräusche im Dorf denke, sind vorbeifahrende Landmaschinen. Nicht weil das Motorengeräusch so dominant war, sondern weil dann das Haus vibrierte und die Gläser im Schrank klirrten. Eigentlich interessant, dass das Haus keine

Risse bekam. Es hätte mich definitiv nicht überrascht. In dem Moment, wo die riesigen Fahrzeuge am Haus vorbei fuhren, war es natürlich auch kurz laut. Aber die Endzeitstimmung kam eindeutig vom Klirren. Ein wummernder Bass, der allmählich näher kam, kündigte schon etwa drei Kilometer vorher ein tiefer gelegtes Auto an, das dann mit heulendem Motor und zu schnell um die Kurve und an unserem Haus vorbei fahren würde. Ansonsten war die Straße eigentlich kein Problem.

Jemand aus der Stadt bescheinigte uns einmal, dass, egal wann man bei uns draußen saß, einfach immer irgendwo ein Rasenmäher zu hören war. Das war uns noch nie aufgefallen. Dafür hörten wir Geräusche, die es in der Stadt nicht gab. Zum Beispiel das Grasrupfen der Pferde hinter unserem Knick. Ich habe selten so etwas Angenehmes gehört. Die Hufe beim Gehen, das Schnauben – das gab es auch. Aber dieses Rupfen und Malmen war speziell, ungeheuer beruhigend. Dieser Klang ließ die Welt hinter sich. Anders als bei Schafen oder Kühen, die in einem anderen Tempo rupfen und malmen.

Und abends, wenn sich die Dämmerung auf alles legte, begann die Stille. Im Sommer begleitet von Grillenzirpen, aber dahinter solch eine Ruhe, dass man glaubte, die Fledermäuse fliegen zu hören. Die Luft stand still und unbeweglich, jedes Wort riss eine Wunde; ohne es zu bemerken, flüsterte man. Unwillkürliche Andacht, die dem Rascheln des Igels Vorrang gab. Ehrfürchtige Freude über den Kauz, der leider nur kurz unser Gast war. Lautlosigkeit war der Hintergrund für das bewegte Leben und nur im Stillstand wahrzunehmen. Sie war die Matrix aller Kommunikation und kam einem schlagartig wieder ins Bewusstsein, wenn man sie erlebte. Wie der Anfang von etwas, der Ursprung, dem kaum noch Beachtung geschenkt wird. Diese Stille machte sensibel. Sie gehörte einem nicht, und man konnte sie sich nicht einfach nehmen. Sie war etwas Großes, das groß war aufgrund von Abwesenheit. Und das man zerstörte, wenn man etwas hinzufügte. Das war es, was man in der Stadt nicht hören konnte.

Einfach weg

Manchmal kann man sich gar nicht vorstellen, wie sehr sich die Welt verändert hat. Beim Spazierengehen an der Flensburger Förde etwa fällt auf, dass stellenweise ziemlich viele Ziegel an der Wasserkante liegen. Das kommt daher, dass es hier einmal viele Ziegeleien gab. Eine unspektakuläre Information, die ich bisher achselzuckend zur Kenntnis genommen habe. Bis ich die als Museum erhaltene Ziegelei in Cathrinesminde gesehen habe. Was für eine beeindruckende Anlage!

Und nun stelle man sich vor, dass es über einen Zeitraum von 300 Jahren fast 70 Ziegeleien in dieser Gegend gab, die höchste Konzentration an Ziegeleien in ganz Nordeuropa. Es wurde massenhaft Oberflächenlehm abgebaut, es kamen Arbeiter aus Schweden, überall gab es Anleger, um die Ziegel abzutransportieren, die Förde voller Segelschiffe. Alles weg. Spurlos verschwunden. Ohne Denkmalkultur wäre dieser alte Industriezweig dem Vergessen anheim gegeben. Lediglich die allgegenwärtigen Ziegel im Wasser bezeugten, dass es diese Wirklichkeit tatsächlich einmal gegeben hat. Dieser große Maßstab des Vergessens ist irritierend. Im kleinen Maßstab läuft es uns eigentlich täglich über den Weg.

Bei uns im Dorf zum Beispiel stand einmal eine Mühle. Der Straßenname „Achter de Möhl" deutet noch darauf hin. Bis in die 1970er Jahre war sie in Betrieb gewesen. Und nun? Einfach weg. Abgerissen. Damit sie nicht völlig vergessen wird, wurde vierzig Jahre später eine Infotafel aufgestellt. Warum scheint es uns wertvoll, Dinge vor dem Vergessen zu bewahren? Der Tierpark Arche Warder etwa sammelt alte Nutztierrassen. Warum? Vielleicht um sich die Möglichkeit zu erhalten, aus dem heutigen Einheitsgenpool überzüchteter Tiere wieder aussteigen zu können. Also wegen einer gewissen Zukunftsperspektive. Aber wozu sich an eine alte Mühle erinnern? Es gibt zwei gute Gründe, glaube ich. Erstens ist das Wissen um die eigene Herkunft identitätsbildend. Zweitens bedeutet Wissen aufzugeben oder zu verlieren auch gleichzeitig einen Komplexitätsverlust, der die Wahrnehmung und Bewertung der Welt unter Umständen negativ beeinflusst. Oder einfacher gesagt: wenn man vorher und nachher nicht versteht, weiß man auch nicht, was Veränderung bedeutet.

Bahnhöfe

Wir hatten uns in den Norden abgesetzt und Freunde und Familie im Süden zurückgelassen. Daher begab es sich recht regelmäßig, dass wir Besuch bekamen. Meistens kamen die Leute mit dem Zug, weil sie doch erhebliche Entfernungen zurücklegen mussten. Wir hatten Glück und wohnten in der Nähe der Bahnlinie Hamburg–Flensburg. Es waren ungefähr 15 Kilometer, und wir nutzten die Fahrt in den Ort immer für einen Einkauf im Supermarkt. Auch das bald ein gewohnter Umstand für den Besuch, nämlich zwischen Obst, Gemüse, Konservendosen und Klopapier einen Platz für das Gepäck und sich selbst zu finden. Und statt eines vorbereiteten Empfangskomitees musste der Großeinkauf zuhause erst einmal gemeinschaftlich ausgeladen werden. Nicht die ideale Ankunft vielleicht nach einer langen Reise, aber das Leben war eben kein Picknick.

Auf dem kleinen Bahnhof mit den schmalen Bahnsteigen hatten wir schon oft gestanden. Hier hatten wir nicht nur Gäste abgeholt, sondern hier hatten auch verschiedenste Reisen angefangen – Lesereisen, Geschäftsreisen, Fortbildungen und, am besten von allen, Familienreisen. Wie oft hatten wir hier schon mit den vier Kleinen gewartet, voller Reisefieber, egal ob wir die Oma besuchten oder mit dem Nachtzug fahren wollten. Zugfahren war der Inbegriff von Familienzeit. Der Weg nach Hamburg zog sich allerdings beträchtlich und war der anstrengendste Streckenabschnitt. Die Hochbrücke über den Kanal wurde von uns deshalb zum Höhepunkt der Reise hochstilisiert, obwohl sie eigentlich der Grund für die verlängerte Reisezeit war. Sie markierte in etwa die Hälfte der Strecke und war eine gute Wegmarke, um Hoffnung auf ein baldiges Ankommen zu wecken. Die Reisezeit nach Hamburg war gemessen an der Entfernung einfach unverhältnismäßig lang.

Ab Hamburg dann vervielfachte sich die Transportgeschwindigkeit. Zugfahren bei uns im Norden war mit Entschleunigung verbunden, was bei manchen Menschen Urlaubsgefühle hervorrief und bei anderen an den Nerven nagte. Vielleicht fuhren deshalb verhältnismäßig wenige Leute mit dem Zug, was wiederum die Bahn davon abhielt, über eine schnellere Infrastruktur wie etwa einen Kanaltunnel nachzudenken. Unser kleiner Bahnhof jedenfalls, unsere Anbindung an die Welt, wurde von uns häufig frequentiert, auch wenn es erst einmal langsam voran ging.

Abgenabelt

In einer Zeit, in der meine Kinder klein waren und noch nicht jeder ein Handy hatte, das sich vollautomatisch selbst aktualisierte, gab es Momente, in denen ich von der Außenwelt abgenabelt war. Besonders sind mir da die Tage nach den Umstellungen auf Sommer- oder Winterzeit im Kopf. Irgendwie ignorierte mein Kopf diese Veränderung, obwohl sie ja immer lang und breit angekündigt wurde. Vielleicht lag es daran, dass ich mein erstes Kind bekam, als zur Winterzeit umgestellt wurde und die Nacht eine Stunde länger dauerte. Wenn man in den Wehen liegt und statt 3 ist es plötzlich wieder 2 Uhr, hat das was von „Täglich grüßt das Murmeltier". Deshalb weiß ich sehr genau, wann die Uhr vor- und wann zurückgestellt wird, ein beliebter Streitpunkt in einigen Gesprächen. Da kann mir keiner etwas vormachen. Der Haken war nur – wenn es tatsächlich passierte, nahm ich es nicht wahr.

Die Nachrichtensprecherin im Radio sagte eine falsche Uhrzeit an. Krass. Und eine Stunde später schon wieder. Dass die das nicht merkten. Die Uhr an der Sparkasse ging auch nicht richtig. Und der Bus kam heute nicht. Das kannte man ja schon, dass man nicht informiert wurde. Ich lebte in einer anderen Zeit und merkte es nicht. Erst wenn jemand von außen die Blase, in der ich mich befand, zerstach („Hast Du die Zeitumstellung gut überstanden?"), fiel es mir wie Schuppen von den Augen. All diese Merkwürdigkeiten waren passiert, weil ich es nicht gecheckt hatte. Es hatte sich zwar nichts Schlimmes ereignet, aber ich war eben einen Schritt neben der Spur gewesen. Dieses ahnungslose Danebenliegen ist eine gute Beschreibung für mein Leben auf dem Land. Ich konnte viele Dinge einfach nicht wahrnehmen, weil ich kein dorfkompatibles Filtersystem besaß. Das ist mir eigentlich erst bewusst geworden, als ich nicht mehr dort lebte. Das war irgendwie paradox. Genauso wie die Tatsache, dass ich keine einzige Umstellung mehr verpasste, seitdem ich eine Funkuhr besaß und mich eigentlich nicht mehr darum kümmern musste.

Pflücke den Tag

D ie Hochzeit des Jahres war für uns eindeutig die Erdbeerzeit. Nicht nur, dass der Sommer noch jung und voller Hoffnung war, sondern auch das Schwelgen in einem Geschmack, den man nur so kurz zur Verfügung hatte, machte diese Zeit so besonders. Die ersten, süßen Erdbeeren nach dem Winter waren noch ehrfurchtgebietend. Wenig später, wenn die Ernte erst einmal richtig angefangen hatte, gab es kein Halten mehr.

Wir suchten die Hinweisschilder, die in Form von großen Erdbeeren die Richtung zum nächsten Feld wiesen. Das führte manchmal im Zickzack durch die Feldmark und hätte schon abschreckend wirken können, wenn uns nicht das Ziel so klar vor Augen gestanden hätte. Wir parkten an dem kleinen Wohnwagen, der als Kassenhäuschen diente, ließen unsere mitgebrachten Schüsseln wiegen und pflückten, was das Zeug hielt. Die eine oder andere Erdbeere wanderte natürlich auch in den Mund. Grundsätzlich waren wir allerdings ziemlich ernsthaft und konzentriert bei der Sache. Witzigerweise ist das erste Bild, das mir beim Wort Erdbeerfeld einfällt, ein nackter Kinderfuß in Sandalen, der äußerst behutsam eine Pflanzenreihe übersteigt. Erdbeerenpflücken haben die Jungs in dem Moment gelernt, als sie sicher auf zwei Beinen waren. Die Liebe zu dieser Frucht machte sie zu perfekten Kollaborateuren. Und es ging so viel schneller, wenn alle mithalfen.

Ein bisschen unheimlich war mir unsere Zügellosigkeit schon. Die Frau an der Waage ging wie selbstverständlich davon aus, dass wir Marmelade aus den gepflückten Kilos machten. Offenbar war das unter ihren Kundinnen weit verbreitet. Aber bevor ich auch nur den Gedanken hätte fassen können, sie vielleicht zu verarbeiten, waren sie auch schon aufgefuttert. Auf der Fahrt nach Hause allerdings verströmten sie zunächst noch ihren betörenden Duft im warmen Auto. Bei Erdbeeren waren wir unersättlich, als gäbe es nie wieder welche. Und ein bisschen stimmte das ja auch. Bis zum nächsten Mal galt es, den gefühlt neun-monatigen Winter zu überstehen und von der Erinnerung zu leben. Besser also jetzt schlemmen und sich Erdbeer-satt essen. So gesehen sind Erdbeeren für uns das Sinnbild für Carpe Diem.

Biikebrennen

Als waschechte Binnenländerin kannte ich nur Osterfeuer. Sie waren ursprünglich dazu da, um die bösen Geister zu vertreiben und hatten mittlerweile Volksfestcharakter. Jedes Dorf hatte sein eigenes Feuer, man traf dort viele Leute, trank Bier und bewunderte diesen riesigen brennenden Berg. Biikebrennen nun ist das Pendant der Küstenbewohner, nur etliche Wochen früher im Jahr, nämlich am Vorabend des Petritages, am 21. Februar. Früher verabschiedete man mit den Feuern die auslaufenden Walfänger und gab ihnen damit ein möglichst langes, sicheres Geleit. Böse Zungen behaupten, die Frauen auf den Inseln setzten mit den Feuern gleichzeitig ein Zeichen für die dänischen Männer auf dem Festland, dass sie wieder alleine auf dem Hof waren und allerhand Hilfe brauchten.

Das Biikenbrennen gibt es jedenfalls schon seit dem Mittelalter und ist mittlerweile im Verzeichnis des immateriellen Kulturerbes der UNESCO aufgenommen. Dieses ursprünglich nordfriesische Brauchtum hat sich inzwischen bis an die Ostküste weiter verbreitet, ohne dass es hier eine Tradition dafür gäbe. Aber Holzschnitt fällt eben überall an, warum also kein Volksfest daraus machen? Der Turm aus alten Weihnachtsbäumen und Knickholz ist meistens feucht und braucht eine Menge Brandbeschleuniger, bis er Feuer fängt. Was sich in der Mitte des Berges zum Verbrennen angesammelt hat, möchte man gar nicht wissen. Viele freiwillige Feuerwehren haben den heißesten Einsatz des ganzen Jahres. Übung am brennenden Objekt, kontrolliertes Abfackeln immensen Materials und am Ende sicheres Löschen.

Es gibt Leute, die es vorziehen, zu einem „echten" Biikebrennen an die Westküste zu fahren, statt zur Biike im eigenen Dorf zu gehen. Vielleicht vermissen sie dort die friesische Ansprache des Bürgermeisters. Oder den Meerblick. Es soll aber auch unflexible Binnenländer wie mich geben, die ihren Weihnachtsbaum lieber später im Jahr verbrennen, wenn er gut durchgetrocknet und es draußen nicht mehr so bitter kalt ist. Ich glaube nämlich, bösen Geistern ist es egal, wann man sie vertreibt.

Maislabyrinthe

Maisfelder gab es schon immer. Maisfeldlabyrinthe hingegen waren neueren Datums. Vielleicht waren sie im Zuge jener großen Monokulturen entstanden, wie sie die Förderung von Biogasanlagen nach sich gezogen hatte. So kam es mir jedenfalls vor. Dessen ungeachtet waren Maisfeldlabyrinthe großartig.

Es wurden ein, zwei Verpflegungsbuden aufgestellt, manchmal auch eine Hüpfburg, und schon war ein kleiner Erlebnispark entstanden, wo vorher nichts als Feld gewesen war. Die Familien strömten herbei und suchten sich ihren Weg zum Ziel. Das war doch geradezu philosophisch. Eine in ein lebendes Bild übersetzte Metapher. Böse Zungen mochten behaupten, dies war ein Bild von Friede, Freude, Eierkuchen. Ich fand, es ging eher in die Richtung von Freiheit, Gleichheit, Brüderlichkeit. Erstens waren Irrgärten ursprünglich zur Belustigung des Adels angelegt worden. Als Gartenelement einer Parkanlage waren sie nur wenigen Menschen zugänglich gewesen und mussten aufwändig in Form geschnitten und gepflegt werden. Hier nutzte man das, was im Überfluss da war, nämlich Mais, und schuf damit gleichermaßen ein Vergnügen für alle. Zweitens nahmen sich alle frei, um gemeinsam diesen

Ausflug zu machen. Der Vater ging nicht zum Fußball, die Mutter war nicht im Garten, und die Kinder nahmen sich frei von ihren Endgeräten. Allein die Entscheidung, gemeinsam diesen Schritt heraus aus der Gewohnheit zu machen, war ein Grund zur Euphorie. Und drittens trafen sich im Maisfeldlabyrinth Menschen, zufällig und fremd, taten das Gleiche und kamen so miteinander in Berührung. Anders als auf dem Fußballplatz, am Gartenzaun oder online. Zwar unverbindlich, aber durch die gleiche Aufgabe auch verbundener. Offen und zugewandt war man hier, bereit, sich auf einen Level einzulassen, auf dem alle Anwesenden Spaß hatten. Das hatte eine andere Qualität als das, was jeder gewöhnlich sonst so trieb.

Kurz gesagt: die Landbevölkerung demokratisierte eine vormals exklusive Art des Vergnügens und entwickelte dabei eine längst verloren geglaubte Spontanietät, sowohl in räumlicher als auch in sozialer Hinsicht. Auch wenn wir nicht gerade Freunde von revolutionären Umstürzen waren – die Maislabyrinthe waren ein Schritt in die richtige Richtung.

Erntedank

D er schönste Feiertag des Jahres war eigentlich Erntedank. Weil man ihn begreifen konnte, anfassen. In unserer Kirchengemeinde wurden alle aufgerufen, etwas Geerntetes zum Gottesdienst mitzubringen und um den Altar zu drapieren. Das allein beinhaltete für mich schon zwei Highlights. Erstens gab es in unserem Garten eigentlich nichts zu ernten, weil wir nichts anpflanzten. Aber mit leeren Händen wollten wir natürlich auch nicht erscheinen. Also schauten wir noch einmal genauer hin.

Wir hatten einen echten Wein am Haus wachsen, der auch Trauben trug. Die waren zwar sauer, aber deutlich zu erkennen. Ganz schön exotisch eigentlich, hier im Norden, und noch dazu ein christliches Symbol. Wir schnitten also lange Zweige vom Wein und brachten sie in die Kirche. Unsere Kastanienbäume hatten ebenfalls reich getragen, so dass wir eine Handvoll einsteckten. Und ein paar wackere Astern hatten dem Unkraut getrotzt und gaben einen schönen lila Strauß. Wir hatten also durchaus etwas zu ernten. Und die Natur hatte es uns wortwörtlich geschenkt, wir hatten nichts dafür getan. Das war das erste Highlight.

Das zweite war der Anblick des geschmückten Altars. Der hätte allen Floristen und Food-Fotografen die Tränen in die Augen getrieben. Was für ein Stillleben! Das Wort überbordend bekam hier seinen Sinn, die Fülle troff quasi vom Altar und wuchs sich zu einem Rahmen aus. Ein Bild aus unterschiedlichstem Obst und Gemüse, Weckgläsern, Brot, Blumen, Korn – und Wein. Diese Farben, die unterschiedlichen Formen und die schiere Menge waren atemberaubend. Auch weil das Bild eben nicht gestellt war, sondern sich aus den mitgebrachten Sachen zufällig so ergab. Wer hätte gedacht, dass die Vielfalt in dieser Region so groß war? Und was sich anhäufte, wenn jeder nur ein bisschen gab? Für mich war der Gottesdienst hier abgeschlossen.

Hinterher wurde die ganze Pracht Stück für Stück für einen guten Zweck versteigert. Ein schöner Ausklang, bei dem sich in entspannter Atmosphäre lustige Duelle entwickelten. Statt bloß steif an einer Kaffeetafel herumzusitzen, wurde interagiert. Gemeinschaftliches Lachen als Höhepunkt des Überflusses – eine bessere Ernte gibt es nicht.

Himmel oder Hölle

Eine Art der Selbstvergewisserung und Selbstbestätigung von Dorfbewohnern war die Gartengestaltung. Ein vornehmliches Frauending, bei dem Männer manchmal für gröbere Arten herangezogen wurden. Der Garten jedenfalls verbrauchte viel Geld und noch mehr Zeit. Und je mehr Zeit man investierte, desto pflegeaufwändiger wurde er.

Bei dem Versuch zu verhindern, dass der Garten verwilderte, wuchs einigen Frauen stattdessen der Zeitaufwand über den Kopf. Es gab Leute, die konnten im Frühjahr nicht mehr zu ihren abendlichen Vereinsterminen gehen, mit der Begründung „Garten". Dann gab es welche, die versuchten, nicht gerade im Urlaub zu sein, wenn ihre jeweiligen Rosenzüchtungen blühten. Was ja verständlich ist. Man will die Früchte seiner Arbeit – im übertragenen Sinn – natürlich auch gerne selber ernten und nicht nur den Nachbarn mit dem Anblick erfreuen. Dann gab es welche, die in ihrem Garten noch nie in der Sonne gelegen hatten, weil es darin immer etwas zu tun gab. Und wenn man sich hinlegte, sah man das alles und konnte nicht entspannt herumliegen. Und dann gab es andere, die der Wildwuchs wenn nicht in den Wahnsinn, so doch in die Depression trieb. Oder waren es vielleicht eher die Ehemänner, die den Garten ohne schlechtes Gewissen als Ruhezone nutzten, während ihre Frauen unter der Arbeit beinah zerbrachen? Mir schien es manchmal so, als sei der Garten der Einstieg in die private Hölle. Deshalb ließ ich ihn verkrauten. Nicht dass noch jemand hinein fiel.

Ab und zu war auch ich gerne in der Sonne draußen und wühlte in der Erde. Wenn dann jemand am Gartenzaun stehen blieb und leicht spöttisch fragte, was ich da machte, antwortete ich wahrheitsgemäß: „Heu". Denn bevor ich in der Erde wühlen konnte, musste ich sie erst mal freilegen. Und mir gefiel, wie sich die Augen des Fragenden weiteten und sich Verständnislosigkeit und Kopfschütteln breit machten. Ein gepflegter Garten verlangte nach Regelmäßigkeit und Disziplin. Ein Betätigungsfeld, für das ich just diese Eigenschaften nicht aufzubringen gewillt war. Im Gegensatz zu den meisten anderen.

Mich interessierten die Arbeit und meine Kinder, der Rest war Kür. Deshalb interpretierte ich meine Gartenpflanzen um. Unkraut wie Giersch, Brennnessel und Löwenzahn wurden zu Wildkräutern, sehr gesund und lecker, wahre Ökos hätten uns darum beneidet. Laubansammlungen waren Insektenhotels, und alles, was sich selber aussäte und ohne großartige Pflege überlebte, waren unsere Blumen. Kurzum: Der Garten verriet, wes Geistes Kind wir waren. Auch für uns gut sichtbar und total eindeutig. Für uns sah der Himmel eben anders aus.

Stockbrot

Als meine Kinder bei den Pfadfindern waren, habe ich gelernt, wie man Stockbrot macht. Schon im Kindergarten war Hefeteig sozusagen allgegenwärtig, weil zu jedem Anlass Boller gebacken wurden – ob zu Geburts- oder Besuchstagen, Feiern oder Festen. Das haben wir zwar auch gerne übernommen, aber was so richtig Kult wurde, war Stockbrot.

Wir hatten im Garten eine Feuerstelle angelegt. Dort saßen wir sehr häufig und gaben uns dem meditativen Blick in die Flammen hin, reisten in Gedanken zurück bis zu dem Moment, in dem Prometheus den Menschen das Feuer brachte. Die Kinder kokelten mit Stöcken in der Glut und schienen sich dem Sog des Archaischen auch nicht entziehen zu können. Die Wärme vertrieb die ankriechende Kälte, das Knacken und Lodern verriet eine insgeheime Kraft, und wir rochen geräuchert wie Menschen aus der Eisenzeit.

Die Krönung dieses allen war das Stockbrot, zubereitet über dem Feuer. Dazu mussten die Kinder zunächst ausschwärmen, geeignete Stöcke finden und das Ende sauber schnitzen. Das war schon mal sehr stimmig, dass man sein Werkzeug erst einmal selber herstellen musste. Die Beschaffenheit der Stöcke, wie dick sie am besten waren, wie biegsam sie höchstens sein durften und wie lang sie am besten sein sollten, wurde allmählich vorher mitgedacht. Mit Schnitzmessern zu hantieren war dessen ungeachtet an sich schon etwas Tolles. Dann formte man eine Teigwurst und schlang sie spiralförmig um das Ende eines Stockes. Dieses hielt man so lange über die Glut, bis der Teig knusprig braun war. Oft wurde er schwarz und war innen noch roh, aber auch das schmeckte herrlich. Das Geschick wuchs mit der Übung. Der Kennerblick sah, wo die besten Stellen im Feuer waren, um möglichst schnell ans Ziel zu kommen. Die Kinder perfektionierten ihre Techniken, ich entwickelte einen Lieblingsteig. Er war etwas süß und vor allem klebte er nicht. Auch Anfänger konnten ihn leicht um den Stock wickeln

– und Anfänger gab es genug. Egal, wer zu Besuch war, ohne einen Stockbrotabend fuhr niemand wieder weg. Das ist eine der großen Erinnerungen an die Zeit im Dorf, die Kindheit meiner Kinder. Und ich glaube, ihnen geht es ebenso.

Ein Schwätzchen in Ehren

Wenn ich im Dorf unterwegs war, um Besorgungen zu machen, hatte ich hinterher mit einigen Leuten gesprochen. Nicht im Sinne von „eine Bestellung aufgegeben", sondern im Sinne von „geplauscht". Gelbe Säcke für den Plastikmüll konnte man sich zum Beispiel im Amtszimmer der Kreisverwaltung abholen. Sie wurden nicht mehr von der Müllabfuhr an die Haushalte verteilt, weil die Leute anfingen, die Säcke für andere Zwecke zu benutzen. Selber abholen schützte vor Missbrauch. Die Dame im Amtszimmer kam nicht aus unserem Dorf, kannte mich aber wegen der Kolumnen. Während sie die Schublade mit den gelben Säcken aufschloss, sagte sie mir allerhand Nettigkeiten. Ich ging also ganz gerne gelbe Säcke holen, wenngleich ich es komisch fand, dass man, wie in Amtsstuben üblich, einzeln hereingerufen wurde und solange mit den anderen Frauen, die alle das gleiche wollten, vor der Tür warten musste. Beim Warten wiederum schnackte man sich die Zeit kurz. Das Wetter ging immer, dann Kochen und Kinder. Wenn das die Wartezeit nicht überbrückte, wurden die Blicke und Stimmen gesenkt und es gab das Neuste. Oft wurde man genau dann hereingerufen, wenn es am spannendsten war.

Beim Bäcker ging es dann weiter. Die Verkäuferin gab ein Stichwort, dann gab ein Wort das andere, und solange einem mehr oder weniger geistreiche Repliken auf der Zunge lagen, wurde das Gespräch nicht eingestellt. Die Schlange wurde länger. Ungeduldig wurde aber niemand, alle waren nämlich ganz Ohr. Auf dem Parkplatz vor dem Kaufmann dann hielt man mit jeder einzelnen Person, die einem dort begegnete, einen Plausch. Manchmal beobachtete ich Frauen, die hineingingen und mit vollbrachtem Einkauf wieder herauskamen, ohne dass ich mich dem Eingang in nennenswerter Weise genähert hätte. Die hatten wohl nichts zu reden. Neidlos verharrte ich dann in Gesprächshaltung.

Einmal jedoch, als ich den Laden gerade wieder verließ und in Gedanken bereits zuhause war, sah ich auf dem Parkplatz jemanden in meine Richtung kommen, der mich mindestens eine halbe Stunde gekostet hätte. Da huschte ich hinter das nächste Auto und verbarg mich, bis die Luft wieder rein war. Dieses Gefühl des Nicht-entdeckt-werden-Wollens hatte ich seit meiner Kindheit nicht mehr gehabt. Und obwohl es kindisch war, lachte ich mir ins Fäustchen.

Spuren der Vergangenheit

U nser Haus war in etwa hundert Jahre alt. Ein Bauer hatte es sich als Altenteil gebaut, so hieß es. Wir hatten ein Foto von dem Neubau, mit Besitzerpaar und Hund im Vordergrund. Wenngleich ziemlich unscharf, so sahen die Leute weder alt noch wie Bauern aus. Und das Haus wirkte eher herrschaftlich. Waren das also Neureiche, die ein bisschen protzen wollten? Oder war es normal, sich so ein Haus zu bauen? Das legte jedenfalls die Tatsache nahe, dass es einige Häuser im gleichen Stil in der Gegend gab.

Das schönste daran war eigentlich das Dach. Es bestand aus roten glasierten Ziegeln und funkelte in der Sonne. Von innen waren die Ziegel verdrahtet und verspachtelt. Ihnen hatte noch kein Sturm etwas anhaben können. Das war ein gutes Gefühl. Am Ende der Dachgraten waren Laren und Penaten angebracht, römische Schutzgötter, die das Haus bewachten. Links und rechts am Ende des Firstes gab es reich verzierte Schmuckspitzen. Als i-Tüpfelchen restaurierten wir die Holzbögen an den zwei Giebeln, um dem Dach seine gebührende Ehre zu erweisen.

Ebenfalls zum Schutz des Hauses waren zwei Eschen im Garten gepflanzt worden, eine männliche und eine weibliche. Es waren stattliche Bäume geworden, die ihrer Aufgabe bestens nachkamen. Sie bekamen erst spät im Jahr Blätter, so dass sie die Frühjahrssonne ungestört auf das Grundstück scheinen ließen. Im Sommer dann warfen sie mit ihren fedrigen Blättern einen lichten, sonnenfleckigen Schatten, in dem man nicht fror. Außerdem warfen sie viel Totholz ab, so dass wir lediglich den Garten einmal absammeln mussten, um Kleinholz zum Anfeuern zu haben. Sie gehörten zu dem Haus wie das Dach.

Die Ornamentfliesen im Eingangsbereich waren ebenfalls von der Zeit unberührt geblieben. Die Zimmeraufteilung und Nutzung hatte allerdings einige Veränderungen hinter sich. Hier waren Flüchtlinge einquartiert gewesen. Ein Zahnarzt hatte hier seine Praxis gehabt. Den Abdruck des Behandlungsstuhls auf dem Holzfußboden konnte man noch gut erkennen. Und es gab Leute, die sich daran erinnern konnten, auf der Treppe sitzend gewartet zu haben, dass sie an die Reihe kamen. Auch wir hinterließen unsere Spuren in dem Haus. Wir passten es unseren Bedürfnissen an und führten die von unseren Vorgängern begonnene Modernisierung fort. Von außen aber sieht es noch aus wie auf dem Foto. Die Laren und Penaten passen auf, und das Dach glänzt in der Sonne.

Touristenattraktion

Wir wohnen ja im schönsten aller Bundesländer. Dort, wo andere Leute Urlaub machen. Dort, wo auch ich zum Beispiel früher mit meinen Eltern Urlaub gemacht hatte. Neben verschiedenen anderen Dingen hatten wir eine Schifffahrt um Helgoland herum gemacht. Damals hieß das noch Butterfahrt, und ich war noch nicht volljährig. Es muss demnach vor 1988 gewesen sein. Vor gut einem Vierteljahrhundert also.

Auf dieser Fahrt spielte sich folgendes ab: Meine Eltern erlaubten mir, ein Glas Kirsberry zu bestellen, süßer Kirschlikör, den ich damals unwiderstehlich fand. Als der Kellner ein bis zum Rand gefülltes Glas Cola hinstellte, protestierte ich sofort. Das war nicht, was ich bestellt hatte. Er sagte „Kirsberry, oder?" und ging weiter. Ungläubig probierte ich. Ja, es war ein bis zum Rand volles Colaglas mit Kirsberry. Ich konnte mein Glück kaum fassen. Mir gefiel die Butterfahrt ausgezeichnet. So ging es den anderen Passagieren auch, und es wurde eifrig getrunken und geschlemmt.

Später kam Wind auf und die See wurde rau. Das Schiff hob und senkte sich und die Stimmung wurde leiser. Allen wurde etwas mulmig im Magen. Wenn man aus dem Bullauge blickte, sah man erst Wasser, Wasser, Wasser, dann Himmel, Himmel, Himmel. Abwechselnd auf- und abwärts, geschaukelt vom Seegang. Das war eine extrem ungewohnte Perspektive. Ich fühlte mich desorientiert, war von meinem Getränk einigermaßen gerädert, legte den Kopf auf den Tisch und schlief ein. Glücklicherweise, muss ich nachträglich sagen, denn auf dem ganzen Schiff brach sich die Übelkeit Bahn. Als ich aufwachte, schaukelte das Schiff nur noch unmerklich. Neben mir lag eine unbenutzte Kotztüte, die jemand vorsorglich dort hin gelegt hatte. Dem Gestank nach zu urteilen hatten nicht alle eine bekommen, die eine gebraucht hätten. Schlagartig wurde mir schlecht und ich stürzte an Deck. Hier und da hingen noch grüngesichtige Menschen über der Reling.

Die Besatzung dagegen hatte allerbeste Laune. Sie spritzte mit Schläuchen das Boot sauber und verkündete, dass es aufgeklart hatte. Als über Lautsprecher die fröhliche Aufforderung ertönte „Krrrabbenbrötchen! Leute, esst Krrrabbenbrötchen!", ging ein erschöpftes Stöhnen durch die Reihen. Ganz klar, die Seebären waren aus anderem Holz geschnitzt als die Besucher. Für die Einheimischen waren die Touristen ziemlich sicher eine Attraktion.

Kinder und Betrunkene

Betrunkene und Kinder sagen immer die Wahrheit. Bei uns gingen vor allem Kinder ein und aus. Oft streunten sie durch die Wohnküche ins offen anschließende Wohnzimmer und zurück, so als suchten sie etwas. Wenn ich sie darauf ansprach, kam eine Frage wie: „Wo ist denn eure Stube?"

„Stube" ist hier mit einem lang gezogenen „e" zu denken, also „Stubee", am Ende schön hoch gezogen als Frage. Gemeint war just das Wohnzimmer, in dem sie sich gerade befanden. Das war aber eine unbefriedigende Antwort, denn sogleich schloss sich die eigentliche Kernfrage an: „Wo ist dann euer Fernseher?" Diese Frage wurde in allen möglichen Schattierungen gestellt, von argwöhnisch bis verzweifelt. Zum Glück konnte ich zur zumindest teilweisen Entspannung der Situation beitragen. Wir hatten durchaus einen Fernseher. Der stand bloß im Nebenzimmer und war nicht Teil des Lebensmittelpunktes. Man musste sich sozusagen zurückziehen, um Fernsehen zu gucken.

Eine andere Gewohnheit lernte ich anlässlich eines Kindergeburtstages bei uns kennen. Die Party war eigentlich zu Ende, die Eltern waren zum Abholen gekommen, aber irgendwie ging niemand nach Hause. Bis eins der Kinder ungeduldig wurde und sagte: „Wo ist die Naschitüte?" Ehrlicherweise muss ich sagen, dass es sich für mich nicht wie sprechen, sondern eher wie plärren anhörte. Mal abgesehen von diesem unsäglichen Ausdruck „Naschi" fand ich sowohl das Plärren als auch die Erwartung an sich nicht altersgemäß. Aber egal, ich war in der Pflicht und musste mich da beschwichtigend heraus reden. Ich kann mich nicht mehr erinnern, ob ich den Kindern noch die Süßigkeiten des Tages in die Hand drückte oder für sie diese Feier als Enttäuschung endete.

Trotzdem hatten wir oft Kinderbesuch. Besuch von Freunden aus der Stadt nicht so oft. Aber wenn, dann war es immer sehr gemütlich, wir tranken Wein und mancher sprach die Wahrheit. Einer zum Beispiel schwankte durch die Wohnküche in die offen anschließende Stube, als suchte er etwas. Ich hatte diesen ungläubig umher schweifenden Blick schon oft gesehen. Mir lag die Antwort bereits auf den Lippen, als die Frage kam: „Habt ihr eigentlich kein Bücherregal?" Irgendwie kann man es niemandem recht machen.

Kulturelle Prägung

Ich bin mit der Überzeugung aufgewachsen, dass Raps stinkt. Die typische Reaktion meiner Mutter, wenn wir an ein Rapsfeld kamen, war: „Iiih." Also schnell dran vorbei, damit man wieder frei atmen konnte. Als ich viele Jahre später meine Schwiegermutter sagen hörte: „Der Raps duftet wieder", dachte ich, ich habe mich verhört. Doch es stimmte, sie meinte es wirklich so. Die Rapsblüte war für sie der landschaftliche Höhepunkt des Jahres, und dementsprechend war alles daran positiv besetzt.

Es führte immerhin dazu, dass ich blühenden Rapsfeldern schließlich auch etwas Schönes abgewinnen konnte. Sie stinken zwar, sehen aber toll aus. An diesem kleinen Beispiel kann man sehen, wie sehr unsere persönlichen Filtersysteme menschgemacht sind. Als Kind ist jeder ein unbeschriebenes Blatt. Die eine Mutter schreibt drauf „ja", die andere schreibt drauf „aber". Und es schreiben ja nicht nur die Mütter. Jeder aus der Familie, dem sozialen Umfeld hat seinen Anteil daran. Ich habe Leute getroffen, die ihren Kindern gesagt haben: „Ich will, dass du es mal besser hast als ich. Deshalb machst du Abitur." Egal, ob das Kind auf ein Gymnasium passte oder nicht. Im Dorf habe ich auch das Gegenteil gehört. Das war ziemlich ungewohnt: „Ich bin glücklich mit meinem Hauptschulabschluss, dann ist das für dich auch gut." Egal wie aufgeweckt das Kind war.

Als wir aufs Land zogen, kamen wir aus einer Kleinstadt und waren einen Spielplatzalltag mit meist weniger als mehr entspannten Kindern und Eltern gewohnt. Die Kinder im Dorf kamen uns dagegen extrem ausgeglichen vor. Vielleicht weil ihre Eltern sie mit der unüberschaubaren Komplexität der Welt verschonten, anders als die Akademikereltern in der Stadt? Machte es überhaupt Sinn, sich der Ausdifferenzierung zu stellen, wenn man damit wahrscheinlich sowieso nicht in Berührung kam? Warum hätte man die Überschaubarkeit unüberschaubar machen sollen? Uns kam es jedenfalls so vor, als wenn die Komplexitätsreduzierung einen ziemlich beruhigenden Effekt auf die Kinder hatte. Im Idealfall wissen sie ganz genau, dass Rapsfelder wunderschön aussehen, und entscheiden selber, ob sie stinken oder nicht.

Schaurig-schön

W ir hatten so allerhand Kindergeburtstage zu feiern. Einer bestand darin, erst eine Nachtwanderung zu machen und danach zuhause eine Disco zu veranstalten. Also führten wir eine Schar aufgeregter Jungen und Mädchen durch die Dunkelheit. Wir hatten lediglich eine Taschenlampe für den Anführer mit, der Rest ging lichtlos durch die Nacht. Wenn auch nicht gerade lautlos. Da wurde geredet, gelacht, gequiekt und gerufen.

Als wir am Eingang vom Friedhof standen, machten wir „schhh". Irgendwie machte man auf dem Friedhof nicht so einen Lärm. Dabei waren wir gar nicht übertrieben laut, aber in der Nachtruhe wirkten unsere Geräusche so viel stärker als am geschäftigen Tag. Wir machten also „schhh", und unmittelbar wurden alle still. Schweigend betraten wir den Friedhof, der uns mit noch tieferer Dunkelheit unter den hohen Bäumen und geradezu ohrenbetäubender Lautlosigkeit umfing. Wir bekamen das Gefühl, das Gleichgewicht zu verlieren. Unsicher auf den Beinen schoben wir uns langsam vorwärts und eine mulmige Stimmung machte sich breit. Es dauerte nicht lange, und der erste flüsterte, dass das ganz schön unheimlich war. Einmal ausgesprochen, konnten sich die Kinder dem Schauer nicht mehr entziehen. Man spürte plötzlich nicht mehr nur die Finsternis und die Stille, sondern auch die Anwesenheit all der beerdigten Körper und ihrer Denkmäler. Es setzte das Bestreben ein, diesen Ort schnellstmöglich zu verlassen. Das Lauftempo erhöhte sich, es wurde ein wenig geschoben und gedrängelt. Schließlich hatten wir es geschafft und gelangten durch den Hintereingang auf eine Koppel im Mondlicht.

Wie hell es plötzlich war! Die Zaunpfähle warfen Schatten und jeder Maulwurfhügel war zu erkennen. Mit zunehmendem Abstand zum Friedhof kehrte die gute Laune in die Gruppe zurück. Es wurde wieder gesprochen und gelacht. Zuhause angekommen, brach sich dann bei der Disco die Erleichterung Bahn. Die Musik wurde aufgedreht, es wurde ausgelassen getanzt und laut gejohlt. Eine Anspannung war gewichen und entfachte Übermut. Was habe ich daraus gelernt? Das Schaurige kombiniert mit dem Schönen vergrößert die Intensität des Erlebten.

Vom Aussterben bedroht

Es gibt so ein paar Sachen, die man der jüngeren Generation erklären muss. Zum Beispiel was Raucherecken sind. Früher gab es in den Schulen Raucherecken, wo es den Schülern erlaubt war zu quarzen. Dort standen immer die vermeintlich Coolen herum und haben, meistens frierend und stumm, geraucht. Es gab sogar Raucherlehrerzimmer. Alles verschwunden. Rauchen wurde aus dem Schulalltag verbannt. Wahrscheinlich rauchen die Lehrer jetzt heimlich hinter der Turnhalle.

Erklärungsbedürftig sind auch Telefone mit Wählscheibe. Man stelle sich einmal ein heutiges Kind vor, das warten soll, bis sich die Scheibe von der 9 zurück gedreht hat. Ich kann mich noch sehr gut an das Gefühl erinnern, den Finger auf die Zahl in der Wählscheibe zu legen und nach rechts bis zum Anschlag zu drehen. Vor allem in den gelben Telefonzellen mit den schwarzen Münzfernsprechern. Der Hörer kiloschwer in der Linken, mit rechts die Münzen eingeworfen und gewählt. Der Geruch der Telefonbücher, die kopfüber aufgehängt waren und gleichzeitig als Tisch zum Aufschlagen dienten. Gibt es überhaupt noch Telefonzellen? Ich glaube, am Dorfplatz steht so eine offene Kabine in Grau und Magenta, aber ziemlich sicher ohne Telefonbücher. Wir hatten ein Bilderbuch, in dem ein rotes Telefon mit Wählscheibe abgebildet war. Unser jüngstes Kind hat es nicht mehr gekannt und gefragt, worum es sich bei dieser Abbildung handelt. Gleichzeitig gibt es ein Lied im Radio, bei dem im Hintergrund das Geräusch einer Wählscheibe zu hören ist. Jüngere Leute werden das nicht zuordnen können. Solche Verweise auf einst gewöhnliche Dinge sind mittlerweile kommentierungsbedürftig.

Für mich war es kommentierungsbedürftig, als ich das erste Mal jemanden mit einem Handy telefonieren sah. Das war im Jahr 1989. In einem Park ging ein Mann hin und her, in der einen Hand einen großen Telefonhörer, in der anderen einen Aktenkoffer, beides verbunden mit einem Spiralkabel. Laut vor sich hin redend, machte er zunächst einen verwirrten Eindruck auf mich. Bis ich sah, dass er eine Telefonapparatur mit sich herumschleppte. Er kam sich ziemlich wichtig vor und irgendwie hatte ich Mitleid mit ihm. Es gibt eben solche Dinosaurier, die irgendwann aussterben.

Gänseverspielen

Ich habe nie genau verstanden, was Gänseverspielen ist. Zwar habe ich mitbekommen, dass das im November eine große Attraktion ist, zu der alle hingehen. Ein gesellschaftliches Großereignis. Die knappen und etwas kryptischen Hinweise der Leute, die mich aufforderten mitzukommen, schreckten mich allerdings immer eher ab. Mittlerweile weiß ich, dass Gänseverspielen im Grunde das Gleiche ist wie Bingo.

Bingo kenne ich aus dem Englischunterricht. Meine einzige Erinnerung daran ist, dass ich nicht verstanden habe, worum es ging. Es war ein Glücksspiel, so viel war klar. Beim Gänseverspielen winken den Gewinnern Nahrungsmittel statt Preisgeld – Grünkohl, Marzipan, Salami, Eier, Kaffee, am Ende sogar eine Gans. Man kauft Zahlenkarten für ein paar Euro das Stück. Die Einnahmen gehen als Spende an eine gemeinnützige Einrichtung im Dorf. Dann hofft man auf einen „Pott", zwei Reihen mit den richtigen Zahlen. Der Ausrufer zieht die Zahlen aus dem „Paas", einem Beutel, dann wird abgeglichen. Es gibt zehn Durchgänge, dann wird eine Pause gemacht, dann noch mal zehn Durchgänge. Nach Mitternacht schließt das Ganze mit einem Sonderspiel, bei dem der Hauptpreis zu gewinnen ist. Das ist alles.

Wahrscheinlich bechert man auch ordentlich und ist laut. Das kann ich aber nicht bezeugen und ist lediglich meiner Vorstellungskraft geschuldet. Es wäre aber gleichzeitig eine schlüssige Erklärung dafür, dass diese Veranstaltungen immer so unfassbar gut besucht sind. Selbst bei den normalen und regelmäßig stattfindenden Bingo-Abenden sind die Krug-Parkplätze bis auf den letzten Platz belegt. Das Glücksspielgesetz hat dem Gänseverspielen in Schleswig-Holstein ein paar Probleme gemacht. Doch es bleibt erlaubt, sofern es gemeinnützig ist und ausschließlich Lebensmittel zu gewinnen gibt. Aufgrund des Brauchtums entfällt sogar die zeitliche Begrenzung auf die Wintermonate.

Wer beim Bingo allerdings Geld gewinnen möchte, muss einen Ausflug nach Dänemark machen. Ganze Busladungen begeisterter Spieler werden dort an den Bingo-Hallen abgesetzt. Ich kann zwar keine Faszination für dieses Spiel entwickeln und finde die Bingo-Fahrten nach Dänemark irgendwie komisch. Aber für ein Dorf hat das Gänseverspielen ganz klar eine Funktion. Es entwickelt sich eine Dynamik von Regionalfaktoren, die man mit politischem Willen allein nicht hinkriegen würde: Das soziale Ereignis stärkt das Gemeinschaftsgefühl. Das Dorf unterstützt seine eigenen gemeinnützigen Aktivitäten, und der Wirt macht Kasse. Das Geld bleibt also am Ort. Außerdem gibt es für den Abend Organisatoren und Verantwortliche, denen das Organisierung und Verantworten Spaß macht, und Spieler, denen das Spielen Spaß macht. Die Leute verbessern also ihre eigene Lebensqualität. Das ist mit Sicherheit besser als etwa eine anonyme staatliche Lotterie. Das ist Regionalisierung at its best.

Weihnachtsbäume schlagen

Viele Bauern verkaufen in der Adventszeit Tannenbäume aus der eigenen Schonung. Oftmals wird dann ein Zelt aufgebaut, ein Heizpilz angeschmissen, die Kinder kommen aufs Trampolin, während die Erwachsenen einen Punsch trinken. Am Ende wird der Baum im Auto verstaut und es hat einen kleinen Familienausflug gegeben. So haben wir unseren ersten Baum gekauft. Es gab natürlich auch noch allerhand anderes zu erwerben. Tannenzweige, Eier, Marmelade, Aufgesetzte – je nachdem, was auf dem Hof so angesagt war. Doch irgendwie wurden wir mit diesem Volksfest-Charakter nicht warm.

Deshalb haben wir uns sehr gefreut, als die Klavierlehrerin unserer Jungs eine Schonung übernahm und uns erlaubte, selber einen Baum zu schlagen. Wir streunten durch das Wäldchen und begutachteten jeden einzelnen Baum, jeder durfte seinen Kommentar abgeben und gemeinschaftlich wurde dann entschieden, welcher Baum dran glauben sollte. Dann kam das schwerste Stück Arbeit. Wir hatten keine Motorsäge, nur einige stumpfe Äxte, mit denen sich die Männer jeden Alters sehr männlich fühlten. Es dauerte eine gefühlte Ewigkeit, bis der Baum gefällt war. Die Kleinen hatten großen Spaß, bei der Arbeit zu helfen. Der Große musste seine ganze Muskelkraft einsetzen, um Fortschritte zu erzielen, während er gleichzeitig von den Kleinen behindert wurde. Wenn er abgekämpft und durchgeschwitzt fertig war, zierte ein triumphierendes Lächeln sein Gesicht. Das war rechtschaffene Arbeit!

Es gab Winter, da konnten wir den Tannenbaum auf einen Schlitten binden und die paar Kilometer durch den Schnee im Sonnenuntergang nach Hause gehen. Das war schon im selben Moment beinah kitschig. So schön, dass man es kaum glauben mag. Die kleine Schonung sah jedes Jahr anders aus. Während eines Jahres hatten sich die Bäume so verändert, dass jedes Mal wieder über jeden einzelnen gesprochen werden musste. War es schlimm, wenn dieser Prachtbaum hier zwei Spitzen hatte? Oder jener auf der Rückseite etwas kahl war? Wie viel Abweichung vom Idealbild konnten wir ertragen? Wir fanden immer eine Schnittmenge und konnten uns einstimmig für ein Exemplar entscheiden. Wenngleich der Weg dahin lang und wortreich war. Aber Bäume taxieren und beschreiben, das können wir nun. Und wir wissen, was es heißt, die Interpretationshoheit zu haben: Wir hatten jedes Jahr den schönsten Baum, den wir je hatten.

Rummelpott

Wir lernten einen neuen Brauch kennen. So etwas Ähnliches kannte ich zwar, aber nicht zu Sylvester, sondern am 10. November, dem Geburtstag Martin Luthers. In Hannover gehen die Kinder dann „Matten Matten Mähren", klingeln an den Türen, singen besagtes Lied und bekommen dafür Süßigkeiten. Bei uns im Dorf kamen die Kinder also am Sylvesterabend, verkleidet und mit Beuteln bewaffnet, die sich im Laufe der nächsten Stunde füllen würden. Sie sangen das Rummelpott-Lied „Fru mok de dör op" und sahnten ab.

Wir waren völlig ahnungslos und wurden von unseren Nachbarn mitgenommen. Auch sie in angedeuteten Verkleidungen. Wir erfuhren, dass es ein Riesenspaß war, sich mit einer Gruppe von Leuten so stark zu verkleiden, dass man nicht mehr erkannt wurde, dann bei Bekannten zu klingeln und sich dort so lange häuslich niederzulassen und bewirtet zu werden, bis man erkannt wurde. Dann ging es weiter zum nächsten Haus. Man kann sich vorstellen, dass die Stimmung mit jedem Hausbesuch ausgelassener wurde, und dass man nicht so gerne der letzte Gastgeber gewesen wäre.

Mit den Kindern war das alles etwas unverbindlicher, nach einem Lied war man wieder weg. Genauer gesagt: nach einem Lied und einem Schnaps. Denn es gab nicht nur Süßigkeiten für die Kinder, sondern jeder Erwachsene bekam auch ein Glas Alkohol. Und zwar an jedem Haus einen anderen. Die Versuche, ihn abzulehnen, uferten in unerfreuliche Diskussionen und Überredungen aus, die den Kinderspaß eindeutig schmälerten. Also lieber weg damit und weiter gegangen.

Bis sich einmal folgendes ereignete: Unsere Runde umfasste ungefähr zehn Häuser, dann war man wieder am Ausgangspunkt angelangt, die Beutel waren prall gefüllt und der eigene Besuch konnte kommen. Beim vorletzten Haus war jedoch die Reise für einen der Väter zu Ende. Die uns aus der offenen Haustür entgegenschlagende warme Luft zusammen mit einem Schluck zu viel gaben ihm den Rest und ließen ihn sich auf der Ofenbank zusammenrollen und augenblicklich einschlafen. Er war definitiv am falschen Ort, und sein Besuch zuhause musste ohne ihn auskommen. Das war uns eine Lehre.

Gleichzeitig verstanden wir, wieso manchen Eltern dieses Durcheinandertrinken nichts anhaben konnte. Man musste, geschickt wie ein Zauberer und von der Dunkelheit geschützt, den Schnaps nach hinten über die Schulter kippen, während es so aussah, als trinke man ihn auf ex. Und gleichzeitig wusste man, wo es Korn, Genever oder Köm gab, so dass jeder sich irgendwann mal einen nach seinem Geschmack genehmigen konnte. Oder zwei. Das war der Trick, damit nichts aus dem Ruder lief. Die Jugendlichen hatten diesen Dreh noch nicht so heraus. Sie hatten ein Schnapsglas an einer Schnur um den Hals und nahmen an jeder Tür alles, was sie bekamen. Wir hatten meistens Besuch von außerhalb, und es gab niemanden, der das Rummelpott-Laufen verpassen wollte. Den behütet aufwachsenden Kindern gingen die Augen über ob dieser Süßigkeitenflut, und offenbar erging es den vernünftig lebenden Erwachsenen mit dem Alkohol nicht anders. Unerkannt sein und gleichzeitig prassen war, glaube ich, die Kombination der Anziehungskraft.

Schneewege

Zwischen unserem Vorgarten und der Straße gab es keinen Fußweg. Erst kam uns das komisch vor, so direkt an der Fahrbahn zu liegen. Aber wir gewöhnten uns daran und lernten es sogar schätzen, denn im Winter mussten wir keinen Schnee schippen wie unsere Nachbarn gegenüber. Während wir ihr Schaben auf dem Gehsteig in aller Herrgottsfrühe hörten, drehten wir uns genüsslich im kuscheligen Bett auf die andere Seite.

So wie alles hatte auch dieser Vorteil eine Kehrseite. Im wahrsten Sinne des Wortes. Denn die Räumfahrzeuge kehrten den Schnee von der Straße auf unseren nicht vorhandenen Fußweg und schufen damit einen Schneewall vor unserem Haus. Da wir es nicht gewohnt waren, Schnee zu schippen, machten wir uns Trampelpfade. Und mit Schwung bekam man auch das Auto über den Hügel. Die Kunst war einzig, das Schlingern in den Griff zu bekommen, bevor man die beiden Pfosten des Carports erreichte. Das gelang zum Glück immer.

Bei dem Fußweg auf der gegenüberliegenden Straßenseite ließ sich jeden Morgen das gleiche kuriose Schauspiel verfolgen: Der kleine Gemeindetrecker fuhr den Gehweg entlang und kehrte den Schnee zur Seite. Bei den drei gegenüber liegenden Häusern angekommen, hob er den Besen, fuhr über den frisch gefallenen Schnee und senkte den Besen erst wieder, sobald er das Ende des letzten Grundstückes erreicht hatte. Ich sprach meine Nachbarn darauf an, denn mir schien das dem gesunden Menschenverstand entgegengesetzt zu sein. Sie antworteten mir achselzuckend, dass nun mal jeder Hauseigentümer selber verantwortlich ist für die Sicherheit auf dem Gehweg vor seinem Haus und die Gemeinde nur Wege räumt, die der Gemeinde gehören. Also wird der Treckerbesen für 50 Meter hochgeklappt.

Ich fasste es nicht. Wie konnte man sich nur mit so einem Quatsch arrangieren? Das grenzte für mich an Schikane, auch wenn es formal gesehen richtig war. Konnte man den Fahrer nicht bestechen, den Besen einfach unten zu lassen? Das hätte für ihn überhaupt keinen Unterschied gemacht. Warum tat das niemand, oder war der Versuch vielleicht schon einmal misslungen? Oder empfanden die Betroffenen das gar nicht wie ich und ärgerten sich nicht über diese Verschwendung von Ressourcen? Sollte ich die große Kommunikation über etwas anschmeißen, das offenbar niemand so richtig problematisch fand? Ich entschied mich für Rückzug. Kraxelte über unseren Schneewall und beobachtete das Spektakel jeden Tag von neuem. Und es machte mich jedes Mal fassungslos.

Zurück in die Stadt

Als wir auf dem Land lebten, brauchten wir ein Auto. Eigentlich sogar zwei. Denn zu dieser Zeit fing mein Mann an, sich politisch zu engagieren. Und obwohl er eigentlich nur einen Radweg zwischen unserem und dem Nachbardorf erstreiten wollte, musste er plötzlich mobil sein. Wir benutzten die Fahrzeuge ziemlich viel. Ohne Auto war der Radius auf das Dorf begrenzt. Zum Glück gab es einen Kindergarten und eine Schule, einen Arzt und einen Kaufmann. Zum Training und Klavierunterricht ging es zur Not auch mit dem Fahrrad, zum Supermarkt nicht. Und in die Stadt schon gar nicht. Also gewöhnten wir uns an, mal schnell ins Auto zu steigen und Dinge zu erledigen. Ohne es zu bemerken, gewöhnten wir es uns irgendwann sogar ab, darüber nachzudenken, wo wir etwas erledigen wollten – und fanden uns mit dem Auto beim Bäcker wieder. Moment mal, waren die Leute, die mit dem Auto zum Bäcker fuhren, nicht diese gedankenlosen Ressourcenverbraucher, bequem und egoistisch, die nicht über ihren eigenen Tellerrand schauten? Wie hatte es so weit mit uns kommen können? War das Landleben nicht dazu da, seine Umgebung unmittelbarer zu erleben?

Anfangs waren wir viel mit dem Fahrrad samt Anhänger unterwegs gewesen. So hatten wir die Kinder in den Kindergarten gebracht. Später waren sie dann selbst gefahren, in die Schule und zu den Pfadfindern. Aber als die Heranwachsenden anfingen, sich Richtung Stadt zu orientieren, wurde das Transportproblem zunächst vom Autofahren gelöst, nur um dann ein Zeitproblem zu werden. Ich konnte nicht alle Kinder zu ihren unterschiedlichen Terminen durch die Gegend fahren. Da gab es Überschneidungen, Doppelungen und entgegengesetzte Richtungen. Außerdem saßen immer welche mutterseelenallein zuhause, während ich meine Lebenszeit im Auto verbrachte. Sollten die Kinder ihre Interessen wirklich den unpassenden Busverbindungen unterordnen? Sollte wirklich ich das fehlende Puzzleteil sein? Ich beschied beides mit nein und beendete damit unsere Lebensphase auf dem Land. Wir zogen in die Stadt, die Kinder wurden selbständig mobil, und ich verbringe meine Zeit seitdem wieder vermehrt am Schreibtisch, so wie es sein soll.

Epilog

Kürzlich war ich mit einer Fotografin auf dem Land unterwegs, um meine Geschichten zu bebildern. Und innerhalb weniger Stunden erlebte ich in Nukleus die gesamte Bandbreite meiner Eindrücke aus zehn Jahren. Der positive Pol war meine langjährige Lieblingsnachbarin, die uns gut gelaunt wie immer und laut über die Straße rufend zu einem Kaffee einlud und uns ihre neusten Lebenspläne erzählte. Der negative Pol war eine höchst merkwürdige Begegnung bei dem Versuch, eine Gegenlichtaufnahme bei untergehender Sonne zu machen.

Wir fuhren auf eine Anhöhe und suchten Lücken in den Knicks, um die Sonne zu sehen. Da hielt ein Auto mitten auf der Straße, ein älterer Mann stieg aus und erspähte mit einem riesigen Fernglas zwei Rehe auf einer Koppel. Eindeutig ein Jäger. Während wir weiterfuhren, überlegten wir, ob er jetzt einfach so von der Straße aus schießen durfte oder nur von seinem Hochsitz aus. Dabei entdeckten wir eine Hofeinfahrt mit herrlichem Sonnenblick und hielten an. Der Hof wirkte verlassen, und die Sonne sank und sank. Also stiegen wir aus und versuchten das kleine Zeitfenster für ein Foto zu nutzen. Da stand plötzlich der Jäger mit geschultertem Gewehr hinter uns und

stieß schwer verständliche, aber eindeutig feind-
selige Wörter hervor. Der Versuch, ihm zu erklären, was wir machten, scheiterte an seiner
Schwerhörigkeit. Alles, was wir wiederum von
ihm verstanden, war, dass er es für verboten hielt,
einfach so herumzufotografieren und dass er uns
behördlich melden wollte. Irgendwie witzig,
wenn er nicht so bedrohlich an seinem Gewehr-
riemen gezogen hätte. Bei unseren Darlegungen
schien er in Wallung gekommen zu sein, so dass
wir kurzentschlossen ins Auto sprangen und flo-
hen.

Ich hatte einen schönen Tag mit der Fotografin
auf dem Land, sie hat viele gute Fotos gemacht,
ich habe mich an vieles erinnert, und an das
meiste gern. Und trotzdem gab es da diesen Moment missglückter Kommunikation. Ein aufge-
brachter alter Mann mit Gewehr, der sich von
zwei Frauen mit Fotoapparat bedroht fühlte. Und
bei mir machte sich das Gefühl von Fremdheit
breit. Es war einfach Zeit zu gehen.

BOYENS
BUCHVERLAG

ISBN 978-3-8042-1422-4

Druck und Bildung: CPI books GmbH, Germany

www.buecher-von-boyens.de